大学入試　全レベル問題集　英語長文　レベル１　［改訂版］ 別冊（問題編）

目 次

JN247532

編集部より

問題を解くときには英文音声は必要ありませんが，復習の際にはぜひ音声を利用して英文の通し聞きを繰り返しおこなってください。語彙やイントネーションの定着に，音声を介したインプットは非常に効果的です。

次の英文を読んで，あとの問いに答えなさい。

Is there intelligent life on other planets? For _____(1)_____, scientists said "No" or "We do not know." But today, this is changing. Seth Shostak and Alexandra Barnett are astronomers. They believe intelligent life exists somewhere in the universe. They also think we will soon contact these _____(2)_____.

Why do Shostak and Barnett think intelligent life exists on other planets? The first reason is _____(3)_____. Scientists believe the universe is about 12 billion years old. This is too long, say Shostak and Barnett, for only one planet in the _____(4)_____ universe to have intelligent life. The second reason is _____(5)_____ — the universe is huge. _____(6)_____ such as the Hubble Telescope "have shown that there are at least 100 billion... galaxies," says Shostak. And our galaxy, the Milky Way, has at least 100 billion stars. Some planets that circle these stars might be similar to Earth.

問1 空所 (1) ～ (6) に入れるのに最も適当な語を, ①～⑧から選びなさい。ただし, 同じものを繰り返し用いてはならない。なお, 文頭に来るものも小文字にしてある。

① beings   ② entire   ③ questions   ④ researcher

⑤ size   ⑥ time   ⑦ tools   ⑧ years

(1) ☐   (2) ☐   (3) ☐

(4) ☐   (5) ☐   (6) ☐

問2 以下の記述のうち, 本文の内容と一致するものを1つ選びなさい。

① 今日, 科学者は地球以外の惑星に生物は存在しないと考えている。

② 私たちが知能を持つ生物と接触するのは遠い未来のことだと考えられている。

③ 科学者は宇宙が約12億年前から存在すると考えている。

④ 宇宙には少なくとも1,000億の銀河が存在することがわかっている。

⑤ 最近, 地球に類似した惑星がいくつか存在することが確認された。

☐

次の英文を読んで，あとの問いに答えなさい。

　Mr. Smith left his car outside his apartment one night, [(1)] usual, but when he came down the next morning to go to his office, he discovered that the [(2)] wasn't there. He called the police and told [(3)] what had happened, and they said that they would try to find the car.

　When Mr. Smith came home from his office that evening, the car was back again in its usual place in front of his house. (ア)He examined it carefully to see whether it had been damaged, and found two theater tickets on one of the seats and a letter which said, "We're very sorry. We took your car because of an emergency."

　Mr. and Mrs. Smith went to the theater with the two tickets the next night and enjoyed themselves very much.

　(イ)When they got home, they found that thieves had taken almost everything they had had in their apartment.

問1 空所 (1) ～ (3) に入れるべき適当な語を補いなさい。

(1) _____ (2) _____

(3) _____

問2 下線部 (ア), (イ) を日本語に直しなさい。

(ア)

_____

_____

(イ)

_____

_____

問3 以下の記述のうち, 本文の内容に合うものには〇, 合わないものには×
をつけなさい。

(1) スミス氏は車を盗まれ, その車は結局見つからなかった。

(2) スミス氏が盗まれた車は警察によって見つけられた。

(3) スミス氏はいつも, 住んでいるアパートの前に車を停めている。

(4) スミス氏の住むアパートに演劇のチケットが2枚送られてきた。

(5) 演劇のチケットは車を無断で使ったことに対するお詫びであった。

(1) ☐　(2) ☐　(3) ☐　(4) ☐　(5) ☐

次の英文を読んで, あとの問いに答えなさい。

President Abraham Lincoln often visited hospitals to talk with wounded soldiers during the Civil War. Once, doctors [____(1)____] out a young soldier who was near death and Lincoln went over to his bedside.

"Is there anything I can do for you?" asked the President.

The soldier obviously didn't recognize Lincoln, and (ア)<u>with some effort</u> he was able to whisper, "Would you please write a letter to my mother?"

A pen and paper were provided and the President carefully began writing down [____(2)____] the young man was able to say:

"My dearest mother, I was badly hurt while doing my duty. I'm afraid I'm not going to recover. Don't *grieve too much for me, please. Kiss Mary and John for me. May God bless you and father."

The soldier was too weak to continue, so Lincoln signed the letter for him and added, "Written for your son [____(3)____] Abraham Lincoln."

The young man asked to see the note and was *astonished when he discovered who had written it. "Are you really the President?" he asked.

"Yes, I am," Lincoln replied quietly. Then he asked
[____(4)____] there was anything else he could do.

(イ)"Would you please hold my hand?" the soldier asked. "It will help to see me through to the end."

In the *hushed room, the tall President took the boy's hand in his and spoke warm words of encouragement until death came.

*grieve「深く悲しむ」　　astonish「驚かせる」　　hushed「静かな」

問1 空所(1)〜(4)に入る最も適切な語を①〜④から選び, 記号で答えなさい。

(1) ① turned ② gave ③ pointed ④ handed
(2) ① what ② which ③ how ④ whether
(3) ① of ② to ③ by ④ along
(4) ① about ② if ③ that ④ while

(1) [　　] (2) [　　] (3) [　　] (4) [　　]

問2 下線部(ア)の意味として最も適切なものを 1 つ選びなさい。

① 努力次第で ② やっとの思いで
③ 効果的に ④ わりと楽に

[　　]

問3 兵士が下線部(イ)のように言った理由として最も適切なものを 1 つ選びなさい。

① 安心して死を迎えられると思ったから。
② 最後にお礼を伝えたかったから。
③ 回復する元気が出ると思ったから。
④ 最後まで愛国心を失いたくなかったから。

[　　]

問4 本文のタイトルとして最も適切なものを 1 つ選びなさい。

① A Way of Dying ② An Accident of War
③ A Purpose of Living ④ An Act of Kindness

[　　]

問5 本文の内容に一致するものを 1 つ選びなさい。

① これは独立戦争で負傷した兵士の話である。

② 兵士は自分が助からないことを自覚していた。

③ 大統領は兵士に頼まれて，しぶしぶ手紙を代筆した。

④ 兵士はとても弱っていたが，自分で手紙に署名をした。

⑤ 大統領は，死ぬまで負傷兵たちを慰問した。

次の英文を読んで，あとの問いに答えなさい。

There are several cities in the world where bus, commuter train service and subways operate 24 hours a day. Quite a few people in Japan wonder why this (ア)[so / major / cities / not / is / the / in] such as Osaka and Tokyo. Some people (イ)claim 24-hour train service would generally make life easier all around but many people oppose the idea.

Probably the strongest opposition to 24-hour train service comes from the operators of taxi companies. Late at night, taxi fares include a surcharge and (ウ)the passengers tend to want to go much greater distances, which is very good for the profits of the taxi companies.

Another thing working against continuous train service is the fact that Japanese office workers like to drink after work and they like to drink a lot and often. One of the reasons train services stop so early at night is so that office workers will be forced to leave the bars and catch the last train home at night. Then they will be able to get up to go to work the next morning.

(I)[reasons / people / work-related / some / give] why trains do not run all night in Japan. Some claim that if the trains ran all night, dedicated workers would stay at their desks too late at night or would arrive too early in the morning and start working again.

Whatever the reason, there is a late-night rush hour in Japan as people try to get home so they can join the early-morning rush hour again the next day.

問1 次の①〜④の中から本文の内容と一致するものを１つ選びなさい。

① 電車やバスが一晩中走っている都市はない。

② タクシー業界は電車の 24 時間運行に賛成である。

③ 電車の終夜運行は，働く者にとって夜遅くまでお酒が飲めるので歓迎されている。

④ 電車が 24 時間動いていると仕事をしすぎると懸念する人がいる。

問2 (ア) の [ ] 内の語を意味の通じるように並べ替えなさい。

問3 下線部 (イ) の語の意味に最も近いものを１つ選びなさい。

① decide   ② insist   ③ wonder   ④ complain

問4 下線部 (ウ) の意味に最も近いものを①〜④の中から１つ選びなさい。

① 乗客はタクシー会社の意図に反して遠い所まで行きたがる。

② タクシー会社は遠くまで行く客を歓迎する。

③ タクシー会社の収益が上がる長距離の利用者が多くなりがちになる。

④ タクシー会社は利益を上げるために遠くまで行く客を敬遠しがちである。

問5 (エ)の [ ] 内の語を意味の通じるように並べ替えなさい。なお, 文頭に置かれるべき語も小文字で示してある。

次の英文を読んで，あとの問いに答えなさい。なお，文章の冒頭の[1]〜[3]はパラグラフの番号を表します。

[1]　In Japan, there is a Children's Day. But in America there is no Children's Day. When children ask their parents why there's a Mother's Day and a Father's Day but no Children's Day, a typical response is, "Because every day is Children's Day." That doesn't really satisfy children, of course. They secretly think that every day is Adult's Day since adults seem to be able to pretty much do whatever they want, but children just have to accept this response.

[2]　I never felt that every day was Children's Day, but in Japan I do feel that every day is April Fool's Day. And I, unfortunately, am the fool. If I give you an example, you'll see what I mean.

[3]　Before my first trip back home, I went to a department store to do some shopping for presents for my family and friends. I found some pretty *ceramic ware for the various people on my list and brought it to the cash register. It was pretty obvious that the bowls and *platters were intended as gifts and the cashier asked me if I'd like to have the presents wrapped. Yes, indeed I would, I told her.

She gave me a quick smile, put the *pottery in a bag and held the bag out to me. Umm ... but I had said I wanted it wrapped, I thought sadly as I walked away. It was not for a few more weeks that I discovered the problem. I had said, "*Ii desu.*" I thought this meant, "That would be nice," but it really meant, "No, don't bother." *Whoops!

*ceramic ware「陶磁器」　　platter「大皿」　　pottery「陶器」

Whoops!「しまった」

問1 In Paragraph 1, which is the best reason why parents in America tell their children, "Because every day is Children's Day"?

① Children are on holiday from parents every day.

② Children can freely go to school every day.

③ Children do anything they want every day.

④ Children get gifts from their parents every day.

問2 In Paragraph 1, according to the author, how do the children react to their parents' answer?

① They accept it because their parents never lie.

② They accept it completely without any problem.

③ They don't accept it and ask for more reasons.

④ They probably don't like it, but accept it.

問3 In Paragraph 3, which of these words is the closest in meaning to "pretty"?

① beautiful

② completely

③ not at all

④ quite

問4 In Paragraph 3, when the cashier asked the author if she wanted her gifts wrapped, the author replied to the cashier, *"Ii desu"*. What should she have said instead?

① *"Kekko desu"*

② *"Onegai shimasu"*

③ *"Sayonara"*

④ *"Shitsurei shimashita"*

問5 In Paragraph 2, the author says she is "the fool". Why does she say that?

① She feels she can't use Japanese correctly.

② She hates to shop in a department store.

③ She thinks it's good to be a child forever.

④ She wants April Fool's Day every day.

次の英文を読んで，あとの問いに答えなさい。

We live in a world of color, always surrounded by it. Color gives beauty to our lives — but that isn't the only thing it gives.

(ア)<u>Consider</u> red. As you know, red is the color of fire and blood. It makes us breathe more quickly and makes our hearts beat faster. If people spend a long time in a room that is (イ)<u>completely</u> red, they may become nervous and even aggressive. But red is often seen in bars and casinos because it makes time seem to go faster. It's also the most popular color for restaurants because it makes us hungrier.

Blue, on the other hand, is known as the color of sadness. Think of Picasso's paintings of blind and poor people. But blue also makes us feel peaceful. So, light blue is the best color for bedrooms. One more thing that blue does is improve performance. Students get higher test scores and weightlifters can lift more in blue rooms.

Green tends to relax us because it is the color of nature. TV talk show guests wait in "green rooms" before they appear on TV. And green is a very popular color for hospitals. In America, green has another important meaning — it is the color of money and envy!

Pink, however, may be the most calming color. In one experiment, prisoners were less violent when the jail walls were painted pink. In contrast, yellow would be the worst choice for a prison. Yellow annoys the eyes and makes people want to fight.

So, (7)<u>choose</u> your colors carefully — they do more for you than you may realize.

問1 下線部(ア)〜(ウ)の意味として最も近いものを①〜④の中から選びなさい。

(ア) ① take care of　② think of　③ deal with　④ forget

(イ) ① briefly　② carefully　③ freely　④ totally

(ウ) ① paint　② select　③ chase　④ change

(ア) ☐　(イ) ☐　(ウ) ☐

問2 本文の内容に照らし合わせて、(1)〜(4)の空所に入る最も適切なものを①〜④の中から選びなさい。

(1) [　　　] is mentioned as the color of sorrow.

① Blue　② White　③ Yellow　④ Green

(2) [　　　] is the most popular color for restaurants because it makes people hungrier.

① Pink　② Green　③ Blue　④ Red

(3) Yellow is [　　　] for eyes and makes us want to fight.

① calming　② unpleasant　③ relaxing　④ good

(4) Green is considered as a [　　　] color for hospitals.

① false　② strange　③ disagreeable　④ suitable

(1) ☐　(2) ☐　(3) ☐　(4) ☐

問3 次の①〜⑤から，本文の内容と一致するものを 2 つ選びなさい。

① Prisoners became more aggressive when the prison walls were painted pink.

② People may think that time goes faster in a red room.

③ Black makes us feel relaxed.

④ Blue is known as the color of money and envy in America.

⑤ Students show better results on tests in blue rooms.

次の英文を読んで，あとの問いに答えなさい。

If we truly want to achieve world peace, we have to (ア)get rid of weapons of war. And the world is full of weapons —— guns, rockets, tanks, landmines. What are landmines? Landmines are special bombs which are buried in the ground. They're designed to explode when a person steps on them. Landmines are one of the cruelest weapons of war. Why? Because they don't discriminate between soldiers and civilians. Their (イ)casualties include men and women, adults and children, young and old. Even after wars end, (ウ)they can remain for days, months and years waiting for innocent victims.

Do you know any landmine victims? I do. My brother-in-law is a landmine survivor. He's an American journalist. Back in the 1960s, he was sent to Asia to report on the Vietnam War. One day, he was walking with a group of American soldiers through the jungle. The soldiers were carrying rifles. He was carrying his camera and notebook. As he was walking, he suddenly stepped on a landmine buried in the ground. Instantly, the landmine exploded, [(エ)] pieces of metal up into his body. Normally, he would have died instantly. But, somehow he survived the explosion. The soldiers quickly called for an army helicopter. The helicopter took him to a nearby military hospital. After an emergency (オ)<u>operation</u>, he was taken to Saigon for further medical care. Eventually, he was flown back to New York, where he spent one year in hospital. Thanks to his doctors, he slowly recovered. But even now, 50 years later, he still suffers terrible pain from his injuries. To manage this pain, he swims an hour each day in a swimming pool. He's lucky to be alive!

Hundreds of people around the world have worked to eliminate landmines. Famous celebrities connected to (カ)<u>this movement</u> include Princess Diana of England and pop singer Paul McCartney.

問1 下線部(**ア**)とほぼ同じ意味を表す単語を本文中から探して答えなさい。

_____

問2 下線部(**イ**)とほぼ同じ意味を表す単語を本文中から探してそのままの形で答えなさい。

_____

問3 下線部(**ウ**)の意味として最も適当なものを①〜④の中から1つ選びなさい。

① casualties　② soldiers　③ landmines　④ civilians

[　　　]

問4 空所(**エ**)に入れるのに最も適当なものを①〜④の中から1つ選びなさい。

① send　② sending　③ sent　④ sends

[　　　]

問5 下線部(**オ**)と最も近い意味で使われているものを①〜④の中から1つ選びなさい。

① The store received the operation permit from the city.

② The UN rescue operation started shortly after the earthquake.

③ My father is going to need an operation on his shoulder.

④ The helicopter's engine operation was normal.

[　　　]

問6 下線部(カ)の内容として最も適当なものを①〜④の中から１つ選びなさい。

① to remove landmines

② to support landmine victims

③ to achieve world peace

④ to report landmine disaster

問7 本文の内容と一致するものを①〜⑥の中から２つ選びなさい。

① The author is a landmine survivor in the Vietnam War.

② Paul McCartney is a singer who has contributed to the efforts for the removal of landmines.

③ The author's brother-in-law was a soldier during the Vietnam War.

④ When a person approaches the landmines buried in the ground, they will explode instantly.

⑤ The author's brother-in-law died after an emergency operation in Saigon.

⑥ The landmine survivor still needs to manage the pain.

問8 本文のタイトルとして最も適当なものを①〜④の中から１つ選びなさい。

① A world with no wars

② The threat of landmines

③ A man who supports war survivors

④ A job that involves great risk

次の英文を読んで, あとの問いに答えなさい。

How do animals live in the desert? They need water, of course. Some animals get it from plants. Others wait under the sand for the rains. When the land is ⌈ (1) ⌉ again, they go back under the sand. They stay there until the next rain. And some animals, like camels, can go for a long time between one drink of water and the next one.
【イ】

Then there are the changes in temperature, from very hot to very cold. In the day, many animals stay in cool places under rocks or in small holes in the sand. 【ロ】 When the sun goes down, the animals put their heads above the sand and begin to look for food.

The small *jerboa lives in deserts across the world. Jerboas have big eyes and, like many desert animals, they can see very well at night. In the late evening, they come out of their holes and look for food — mostly seeds and plants. Jerboas are very well adapted to life in the desert. Some jerboas do not need to ⌈ (2) ⌉, because they get water from their food. In the hot summer, some jerboas sleep under the sand for two or three months. Jerboas also live in cold deserts like *the Gobi. Here, they sleep in their holes in the winter and stay away from the snow. 【ハ】

Jerboas can move very fast across the sand. They have huge back legs and they can jump up to three meters in one move. They (3)do this when they need to run away from other animals — *fennec foxes, for example. At night, these foxes are also looking for food, and a jerboa is just right for a hungry fennec fox. 【ニ】 Like jerboas, fennec foxes are well adapted to the weather in the desert. With its very big ears and white coat, the fennec fox can stay much cooler in the hot sun.

*jerboa「トビネズミ」　　the Gobi「ゴビ砂漠」
fennec fox「フェネックギツネ」

問1 空所 **(1)** に入れるのに最も適当なものを①〜④の中から 1 つ選びなさい。

① bright　　　　② dark　　　　③ dry　　　　④ wet

問2 空所 **(2)** に入れるのに最も適当なものを①〜④の中から 1 つ選びなさい。

① drink　　　　② eat　　　　③ hunt　　　　④ move

問3 下線部 **(3)** が指示する内容として最も適当なものを①〜④の中から 1 つ選びなさい。

① have huge back legs

② jump up to three meters

③ run away from other animals

④ sleep in their holes

問4 次の英文は本文の中のどこに入れたら文意が通るか, 最も適当なものを①〜④の中から 1 つ選びなさい。

But at night deserts can suddenly come alive.

①【イ】　　　　②【ロ】　　　　③【ハ】　　　　④【ニ】

問5 本文の内容と一致するものを①〜④の中から１つ選びなさい。

① 砂漠の動物たちの多くは視力がよくないので，行動範囲が限られる。

② 砂漠の気温は，日中と夜間ではあまり変化がない。

③ トビネズミは大きな耳と白い毛を持ち，暑い夏でも涼しく過ごせる。

④ 日中，砂漠の動物たちの多くは岩の下や砂に掘った穴の中で過ごしている。

問6 本文のタイトルとして最も適当なものを①〜④の中から1つ選びなさい。

① Animals in Danger

② Animals in Deserts

③ The Life of Camels

④ Weather in Deserts

次の英文を読んで，あとの問いに答えなさい。

Which stores are the most well-known around the world? Most people would probably say American stores such as McDonald's, Starbucks or Subway. But the company with the most stores in the world is Seven & i Holdings, better known as 7-Eleven. This company is not an American company, but a Japanese one. 7-Eleven has a long and interesting history that began in the United States, far from Japan.

The company began in 1927. John Green opened a small shop to sell milk, eggs and bread in front of the Southland Ice Company in Dallas, Texas. Joe Thompson, a worker at that ice company, noticed that Green's shop was more successful than the others nearby. Green used ice from the ice company to keep the food he sold cooler and fresher than stores that had no ice or refrigerators.

Soon Joe Thompson bought John Green's shop and the ice company. He named the new company Southland Corporation. Within a year he had also opened several new stores in the city. In 1928, the name of the stores was changed to attract more customers.

In 1946 the name of the stores was changed again. This time they chose the name 7-Eleven because of the stores' 7 a.m. to 11 p.m. opening hours. These hours were very unusual at that time. The stores were popular, and by 1952 there were about a hundred 7-Eleven stores in America. In 1963 7-Eleven stores began staying open 24 hours a day. In 1969, 7-Eleven opened a store in Calgary, Canada. This was the first store outside of the U.S.A. In 1974, its first store in Asia was opened in Tokyo, and more stores followed in many other countries.

By 1991 7-Eleven was more successful in Japan than in the United States. The Japanese company managing 7-Eleven in Japan then bought the American parent company and later named it Seven & i Holdings. Now there are almost twice as many 7-Eleven stores in Japan as in the United States, but many people still think 7-Eleven is an American company.

問 次の英文①〜⑮の中から，本文の内容と一致するものを５つ選びなさい。

① McDonald's has more stores worldwide than Seven & i Holdings.

② Seven & i Holdings is owned by an American and has a long history in Japan.

③ John Green and Joe Thompson were managers of the Southland Ice Company.

④ John Green's store was popular because there were no other stores in the area.

⑤ John Green's store had more success than other nearby stores.

⑥ John Green used ice to keep the products he sold cool.

⑦ Joe Thompson took over John Green's store and the Southland Ice Company.

⑧ Joe Thompson kept the name Southland Ice Company for his new company.

⑨ In 1928 Joe Thompson's stores changed their name to increase their business.

⑩ The name of the stores was changed to 7-Eleven to explain what days they were open.

⑪ 7-Eleven stores have always been open all day and night.

⑫ The first 7-Eleven store to be opened outside of the U.S.A. was in Tokyo.

⑬ In 1991 American 7-Eleven stores were the most successful 7-Eleven stores in the world.

⑭ 7-Eleven stores in Japan have always been owned by an American company.

⑮ Japan now has more 7-Eleven stores than the U.S.A.

次の英文を読んで, あとの問いに答えなさい。

Have you ever wondered why some people are successful in business and others are not? Here's a story about one successful businessperson. (ア)He started out washing dishes and today he owns 168 restaurants.

Zubair Kazi was born in Bhatkal, a small town in southwest India. His dream was to be an airplane pilot, and when he was 16 years old, he learned to fly a small plane.

At the age of 23 and with just a little money in his pocket, Mr. Kazi moved to the United States. He hoped to get a job in the airplane industry in California. ⌐(1)⌐, he ended up working for a company that rented cars.

While Mr. Kazi was working at the car rental company, he frequently ate at a nearby KFC restaurant. To save money on food, he decided to get a ⌐(2)⌐ with KFC. For two months, he worked as a cook's assistant. His job was to clean the kitchen. "I didn't like it," Mr. Kazi said, "but I always did the best I could."

One day, Mr. Kazi's two co-workers failed to come to work. That day, Mr. Kazi did the work of all three people in the kitchen. (イ)This really impressed the owners of the restaurant. A few months later, the owners needed a manager for a new restaurant. They gave the job to Mr. Kazi. He worked hard as the manager and soon the restaurant was making a profit.

A few years later, Mr. Kazi heard about a restaurant that was losing money. The restaurant was dirty inside and the food was terrible — *greasy and *undercooked. Mr. Kazi borrowed money from a bank and bought (7)the restaurant. For the first six months, Mr. Kazi worked in the restaurant from 8 a.m. to 10 p.m., seven days a week. He and his wife cleaned up the restaurant, remodeled the front of the building, and improved the cooking. They also tried hard to please the customers. If someone had to wait more than ten minutes for their food, Mrs. Kazi gave them a free soda. Before long the restaurant was making a profit.

A year later Mr. Kazi sold his restaurant for a profit. With the money he [(3)   ], he bought three more restaurants that were losing money. Again, he cleaned them up, improved the food, and retrained the employees. Before long these restaurants were making a profit, too.

Today Mr. Kazi owns 168 restaurants, but he isn't planning to [(4)   ] there. He's looking for more poorly managed restaurants to buy. "I love it when I go to buy a restaurant and find it's a mess," Mr. Kazi said. "The only way it can go is up."

*greasy「脂っこい, 油を使いすぎた」　undercooked「加熱が不十分な」

問1 下線部(ア)の内容として最も適切なものを①〜④の中から1つ選びなさい。

① He began to wash dishes quickly

② He started to sort out plates for washing

③ He began his career washing dishes

④ He went to work with washed plates in his hands

問2 空所(1)を満たすものとして最も適切なものを①〜④の中から1つ選びなさい。

① As well　　② Instead　　③ Of course　　④ Therefore

問3 空所(2)を満たすものとして最も適切なものを①〜④の中から1つ選びなさい。

① car　　　　② job　　　　③ license　　　④ rental

問4 下線部(イ)の内容として最も適切なものを①〜④の中から1つ選びなさい。

① Mr. Kazi's co-workers didn't come to work.

② Mr. Kazi did the work of his two colleagues as well as his own.

③ Mr. Kazi did his own work as usual.

④ Mr. Kazi's co-workers did his work, to say nothing of their own.

問5 下線部(ウ)の内容として最も適切なものを①〜④の中から1つ選びなさい。

① a successful restaurant in Bhatkal

② a KFC restaurant near the car rental company

③ a new restaurant the owners were going to open

④ a restaurant that was operating in the red

問6 空所(3)を満たすものとして最も適切なものを①〜④の中から1つ選びなさい。

① earned   ② gave away   ③ lost again   ④ stole

問7 空所(4)を満たすものとして最も適切なものを①〜④の中から1つ選びなさい。

① act   ② eat   ③ go   ④ stop

問8 本文の表題として最も適切なものを①〜④の中から1つ選びなさい。

① How One Successful Businessperson Did It

② How To Be a KFC Assistant

③ The Best Reasons for Being a Successful Businessperson

④ The Purpose of Business Accounting

問9 本文の内容と一致するものを①〜⑦の中から3つ選びなさい。ただし, 解答の順序は問わない。

① At the age of 16, Mr. Kazi became a small airplane pilot.

② Mr. Kazi went to the United States with a large fortune at the age of 23.

③ Mr. Kazi didn't like his job at KFC, so he was a slow worker.

④ Mr. Kazi couldn't gain any profit.

⑤ Mr. Kazi and his wife tried hard not to displease their customers.

⑥ Mr. Kazi charged double for soda if customers did not have to wait.

⑦ Mr. Kazi loves it when he buys a restaurant and finds it untidy.

出題校一覧：
英文1： 近畿大学
英文2： 武蔵野音楽大学
英文3： 広島経済大学
英文4： 目白大学
英文5： 大妻女子大学
英文6： 札幌学院大学
英文7： 大阪経済大学
英文8： 愛知学院大学
英文9： 九州産業大学
英文10：追手門学院大学

全レベル問題集
英語長文

駿台予備学校講師 三浦淳一 著

1 基礎レベル

改訂版

はじめに

　大学受験に向けた英語学習は，書店の学習参考書コーナーに行けばすぐにわかるとおり，とても細分化されています。単語・熟語，文法・語法，構文，英作文，長文読解，リスニング，会話表現，発音・アクセント…

　これを1つずつやっていたら，何年かかっても終わりそうにありません。

　「一石二鳥」という言葉がありますが，短期間で英語の学習を仕上げるには，いわば「一石五鳥」「一石六鳥」の学習をすることです。つまり，1つの学習で複数の効果を得られるような学習をすべきなのです。

　『大学入試 全レベル問題集 英語長文』シリーズは，長文読解の問題集という形をとっていますが，これにとどまらず，語彙力をつけたり，重要な文法事項の確認をしたり，音声を用いた学習により，発音・アクセント，リスニングの力をつけることも目指しています。

　本シリーズはレベル別に6段階で構成されており，必ず自分にピッタリ合った1冊があるはずです。また，現時点の実力と志望校のレベルにギャップがあるなら，1〜2段階レベルを下げて，英語力を基礎から鍛え直すのもおすすめです。受験生はもちろん，高校1・2年生からスタートすることもできます。

　本シリーズは最新の大学入試問題の傾向に対応し，さらに，英語4技能（Reading／Listening／Writing／Speaking）を今後ますます重視する入試制度にも対応しうる，本質的・普遍的な英語力をつけることを目的にしています。

　本シリーズを利用して，皆さんが第一志望の大学に合格することはもちろん，その先，一生の武器となる確固たる英語力を身につけてほしいと願っています。

三浦　淳一

目　次

音声について

本書の英文を読み上げた音声を，専用ウェブサイト・スマートフォンアプリで聞くことができます。英文ごとに，2種類の音声を収録しています。全文通し読みの音声と，段落ごとに区切ったややゆっくりめの音声があります。段落ごとに区切った音声は，ディクテーションでご利用ください。◀))01 のように示しています。

●ウェブサイトで聞く方法
・以下のサイトにアクセスし，パスワードを入力してください。
　https://www.obunsha.co.jp/service/zenlevel/
　※すべて半角英字。検索エンジンの「検索欄」は不可。
　パスワード：zlchoubuno
・右上の QR コードからも簡単にアクセスできます。

●スマートフォンアプリで聞く方法
・音声をスマートフォンアプリ「英語の友」で聞くことができます。「英語の友」で検索するか，右下の QR コードからアクセスしてください。
・パスワードを求められたら，上と同じパスワードを入力してください。

⚠ご注意ください　◆音声を再生する際の通信料にご注意ください。◆音声は MP3 形式となっています。音声の再生には MP3 を再生できる機器などが別途必要です。デジタルオーディオプレーヤーなどの機器への音声ファイルの転送方法は，各製品の取り扱い説明書などをご覧ください。ご使用機器，音声再生ソフトなどに関する技術的なご質問は，ハードメーカーもしくはソフトメーカーにお問い合わせください。◆スマートフォンやタブレットでは音声をダウンロードできないことがあります。◆本サービスは予告なく終了することがあります。

本シリーズの特長

大学入試「全レベル問題集 英語長文」シリーズには，以下の特長があります。

1．細かく分かれたレベル設定

本シリーズはレベル別からなる6冊で構成されており，学習者の皆さんそれぞれがベストな1冊を選んで大学入試対策をスタートできるようにしています。各書がレベルに応じた収録英文数と設問構成になっています。

2．語彙力を重視

語彙力は語学学習における基本です。単語がわからなければ英文を読むにも書くにも不自由します。本書ではオールラウンドな語彙力をつけられるよう，幅広いテーマの英文を選びました。各ユニットの最後に，**語句リストの復習（ミニテスト）**や，音声を利用した単語の**ディクテーション問題**を設け，語彙力が増強できるよう工夫しています。

3．英文構造の明示

すべての英文の構造を示し（**SVOC分析**），英文を完全に理解できるようにしました。さらに，本文の和訳例も，あまり意訳をせず，文構造を反映させた直訳に近い日本語にしました。

4．文法事項のわかりやすい解説

近年の入試問題では，難関大学を中心に文法問題の出題が減少しており，「**文法問題を解くための文法学習**」は，もはや時代遅れです。本書では「英文を正しく読むための文法」を心がけて解説しています。

5．設問の的確な解説

すべての設問に，なるべく短く的確な解説をつけました。特に本文の内容に関する設問は，根拠となる箇所を明示して解説しています。類書と比較しても，わかりやすく論理的な解説にしています。これは，解説を読んで納得してほしいということもありますが，それ以上に，読者の皆さんが自分で問題を解くときにも，このように論理的に考えて，正解を導き出せるようになってほしいからです。

6．音声による学習

付属の音声には本書に掲載した**英文の音声が2パターンで収録**されています。主にリスニング力UPを目的としたナチュラルに近いスピードのものは，シャドーイング*1 やオーバーラッピング*2 用です。また1つ1つの単語の発音がわかるようなややゆっくりしたスピードのものは，ディクテーション問題用です。

　*1　シャドーイング・・・すぐ後から音声を追いかけて，同じ内容を口に出す練習方法
　*2　オーバーラッピング・・・流れてくる音声とぴったり重なるように口に出す練習方法

著者紹介：三浦淳一（みうら じゅんいち）

早稲田大学文学部卒。現在，駿台予備学校・医学部受験専門予備校 YMS 講師。『全国大学入試問題正解 英語』（旺文社）解答・解説執筆者。『入門英語長文問題精講［3訂版］』『医学部の英語』（以上，旺文社），『センター英語　英語［語句整序］を10時間で攻略する本』『世界一覚えやすい中学英語の基本文例100』（以上，KADOKAWA）ほか著書多数。「N 予備校」「学びエイド」などで映像授業も担当する。

〔協力各氏・各社〕

装丁デザイン：ライトパブリシティ	録 音・編 集：ユニバ合同会社
本文デザイン：イイタカデザイン	ナレーション：Ann Slater, Guy Perryman, Katie Adler
校　　　正：入江 泉, 大河恭子,	編 集 協 力：株式会社オルタナプロ
笠井 喜生（e.editors）,	編 集 担 当：須永亜希子
Jason A. Chau	

志望校レベルと「全レベル問題集 英語長文」シリーズのレベル対応表

＊ 掲載の大学名は本シリーズを活用していただく際の目安です。

本書のレベル	各レベルの該当大学
① 基礎レベル	高校基礎〜大学受験準備
② 共通テストレベル	共通テストレベル
③ 私大標準レベル	日本大学・東洋大学・駒澤大学・専修大学・京都産業大学・近畿大学・甲南大学・龍谷大学・札幌大学・亜細亜大学・國學院大學・東京電機大学・武蔵大学・神奈川大学・愛知大学・東海大学・名城大学・追手門学院大学・神戸学院大学・広島国際大学・松山大学・福岡大学 他
④ 私大上位レベル	学習院大学・明治大学・青山学院大学・立教大学・中央大学・法政大学・芝浦工業大学・成城大学・成蹊大学・津田塾大学・東京理科大学・日本女子大学・明治学院大学・獨協大学・北里大学・南山大学・関西外国語大学・西南学院大学 他
⑤ 私大最難関レベル	早稲田大学・慶應義塾大学・上智大学・関西大学・関西学院大学・同志社大学・立命館大学 他
⑥ 国公立大レベル	北海道大学・東北大学・東京大学・一橋大学・東京工業大学・名古屋大学・京都大学・大阪大学・神戸大学・広島大学・九州大学 他

本書で使用している記号一覧

Check! ‥‥‥‥‥‥‥ 文法事項の説明

🔊 ‥‥‥‥‥‥‥‥‥ 音声番号

ＳＶＯＣ解析

S, V, O, C ‥‥‥‥ 主節における文の要素

S, V, O, C ‥‥‥‥ 従属節における文の要素

S′, V′, O′, C′ ‥‥‥ 意味上の関係を表す文の要素

① ② ③ ‥‥‥‥‥ 並列関係にある要素

〈　　　〉‥‥‥‥‥ 名詞句，名詞節

〔　　　〕‥‥‥‥‥ 形容詞句，形容詞節

（　　　）‥‥‥‥‥ 副詞句，副詞節

関代 ‥‥‥‥‥‥‥ 関係代名詞

関副 ‥‥‥‥‥‥‥ 関係副詞

等接 ‥‥‥‥‥‥‥ 等位接続詞

従接 ‥‥‥‥‥‥‥ 従属接続詞

疑 ‥‥‥‥‥‥‥‥ 疑問詞

…so〜that… 相関語句

語句リスト

動 ‥‥‥‥‥‥‥‥ 動詞

名 ‥‥‥‥‥‥‥‥ 名詞

形 ‥‥‥‥‥‥‥‥ 形容詞

副 ‥‥‥‥‥‥‥‥ 副詞

接 ‥‥‥‥‥‥‥‥ 接続詞

関 ‥‥‥‥‥‥‥‥ 関係詞

前 ‥‥‥‥‥‥‥‥ 前置詞

熟 ‥‥‥‥‥‥‥‥ 熟語

❓ 英文を読むための基礎知識

　英文を読む上で, 単語や熟語の知識が必要なのは当然である。しかし, 語句の意味がわかれば英文を正しく理解できるというわけではない。英文は日本語とは異なる「構造」を持っているので, 「構造」を把握することが英文を読むときには不可欠だ。

　そこで, 英文の「構造」を把握する前提となる知識を解説する。正直言って面白みがある内容ではないが, 英文読解力をつける上で避けては通れない道である。何とかがんばって熟読し, 完全理解に努めてほしい。

解説の構成

❶ 品詞

❷ 文型
　1. 文型と文の要素　2. 文型の見分け方　3. 自動詞と他動詞

❸ 句と節
　1. 句と節とは
　2. 句 ── (1) 名詞句　(2) 形容詞句　(3) 副詞句
　3. 節 ── (1) 名詞節　(2) 形容詞節　(3) 副詞節
　4. 句と節の文中での位置

❹ 並列
　1. 等位接続詞　2. 並列　3. 様々な等位接続詞　4. 等位接続詞による相関語句

❶ 品　詞

　品詞は細かく分類すると相当な数になってしまうが, とりあえず「名詞」「動詞」「形容詞」「副詞」の4品詞を押さえよう。

　「名詞」とは人や事物の名称などを表す語。例を挙げたほうが早いだろう。student やcar などだ。Japan のような固有名詞, he や this のような代名詞も, このグループに含まれる。名詞の働きは, **S (主語), O (目的語), C (補語) になったり, 前置詞の後ろに置かれる**（これを「前置詞の目的語」という）。

　「動詞」は動作や状態などを表す語。walk や know などだ。be 動詞 (is や are) もこのグループに属する。動詞の働きは **V (述語)** になることだ。

　「形容詞」は, ①**名詞を修飾する**, ②**C (補語) になる**, という2つの働きを持っている。
①の例としては

例 She is a **pretty** girl.　「彼女は**可愛い**女の子だ」
　　S　V　　　　C

pretty という形容詞が girl という名詞を修飾 (詳しく説明) している。
②の例としては

例 The girl is **pretty**.　「その女の子は**可愛い**」
　　S　　　V　　C

The girl が S, is が V, pretty が C という〈S+V+C〉の第2文型だ。文型の説明はあとで行う。

「副詞」の働きは，名詞以外を修飾することだ。**ほとんどの場合に動詞を修飾する**んだけど，**形容詞や他の副詞を修飾することもあるし，文全体を修飾したりもする**から，「名詞以外を修飾する」というのが正確なんだ。

例えば，

例 <u>He</u> <u>walks</u> **slowly**.　「彼は**ゆっくりと**歩く」
　　S　　V

という文では，副詞の slowly が動詞の walks を修飾している。

例 <u>He</u> <u>walks</u> **very** slowly.　「彼は**とても**ゆっくりと歩く」
　　S　　V

という文はどうだろう。

slowly が walks を修飾するのは前の文と同じだが，今度は very という副詞が slowly という副詞を修飾している。つまり，very → slowly → walks というふうに，二重の修飾になっている。

整理すると以下のようになる。

品詞	例	働き
名詞	student, car, advice, Japan, he（代名詞）	S, O, C になる
動詞	walk, run, know, do, believe, be	V になる
形容詞	small, pretty, old, tall, wonderful	①名詞を修飾　②Cになる
副詞	slowly, very, soon, too, easily	名詞以外を修飾

❷ 文 型

1．文型と文の要素

文型とは，英語の文のパターンを分類したものだ。英語の文には 5 つの文型があるとされている。

第1文型：**S ＋ V**
第2文型：**S ＋ V ＋ C**
第3文型：**S ＋ V ＋ O**
第4文型：**S ＋ V ＋ O ＋ O**
第5文型：**S ＋ V ＋ O ＋ C**

そして，文型を構成する1つ1つのパーツのことを，文の要素と呼んでいる。これも5つある。

S（主語）　：「〜は」「〜が」と訳す。**名詞**。
V（述語）　：「〜する」「〜である」と訳す。**動詞**。
O（目的語）：「〜を」「〜に」と訳す。**名詞**。
C（補語）　：決まった訳し方はない。**名詞**または**形容詞**。
M（修飾語）：決まった訳し方はない。**形容詞**または**副詞**。

Mという要素は5文型の中に出てこない。これは，M（修飾語）とは文字通り「飾り物」であって，文の中で不可欠な要素ではないからである。文型とは，**このような「飾り物」を取り除いたあとに残るパターンを分類したものだ**，と理解しよう。

　例えば，第1文型は〈S+V〉という2つの要素しかないが，だからといって文が短いということにはならない。〈S+V〉のあとにたくさんのM（修飾語）がくっついて，とても長い英文になることもある。

2．文型の見分け方

　この5つの文型の見分け方について説明しよう。

　まず，**M（修飾語）をすべて取り除く。**このとき，**〈S+V〉しか残らなかったら，もちろん第1文型だ。**何がMになるのか，が問題だが，これには後述の「句」や「節」の理解が欠かせない。とりあえず，副詞や〈前置詞＋名詞〉はMになると考えてよい。

　例 He usually goes to school by bus.　「彼はふだん，バスで学校に行く」

　この英文を見たら，usually が副詞だから取り除く。to school と by bus は〈前置詞＋名詞〉だから，これも取り除く。

　He ~~usually~~ goes ~~to school by bus~~.
　S　　　　　 V

　というわけで，SとVしか残らないから，第1文型だ。

　次に，Mを取り除いたときに，〈S+V〉の後ろに1つの要素（Xとする）が残っている場合は次のように考える。

　S+V+X の場合
　「SはXだ」と言える　　→ **S + V + C**
　「SはXだ」と言えない → **S + V + O**

　要するに，SとXが「主語－述語」の関係かどうか，ということだ。例文を見てみよう。

　例 The girl finally became a nurse.　「その女の子は結局看護師になった」
　　　 S　　　　　　　V　　 C

　finally が副詞なのでMと考え，取り除く。そうすると，The girl became という〈S+V〉のあとに，a nurse という要素が残った。そこでこれをXとおくと「その女の子は看護師だ」となり，これは特に不自然ではない。よって，〈S+V+C〉の第2文型。

　例 Her new dress becomes her very well.
　　　 S　　　　　　 V　　　 O

　「彼女の新しいドレスは彼女にとてもよく似合っている」

　very も well も副詞なのでM。よって，これを取り除く。Her new dress がSでbecomes がVだ（細かいことを言えば，Her と new は dress を修飾しているからいずれもMだが，Her new dress をワンセットでSと考えたほうがわかりやすいだろう）。そこで，herをXとおくと「新しいドレスは彼女だ」となり，これは明らかにおかしい。よって，〈S+V+O〉の

第3文型。なお，become には第3文型で用いた場合に「似合う」という意味がある。

最後に，M を取り除いたときに，〈S+V〉の後ろに2つの要素（X, Y とする）が残っている場合は次のように考える。

> **S＋V＋X＋Y の場合**　「X は Y だ」と言える　→　**S ＋ V ＋ O ＋ C**
> 　　　　　　　　　　　　　「X は Y だ」と言えない → **S ＋ V ＋ O ＋ O**

例 He made his daughter a doll.　「彼は娘に人形を作ってあげた」
　　 S　V　　 O_1 　　 O_2

He が S，made が V。そのあとに his daughter と a doll という2つの要素がある。そこで，それぞれ X, Y とおく。「娘は人形だ」。これは無理。したがって，〈$S+V+O_1+O_2$〉の第4文型とわかった。make は第4文型で「O_1 に O_2 を作ってあげる」という意味だ。

例 He made his daughter a nurse.　「彼は娘を看護師にした」
　　 S　V　　 O 　　　 C

同じく，his daughter を X，a nurse を Y とおいてみると，今度は「娘は看護師だ」と言えるので〈S+V+O+C〉の第5文型となる。make は第5文型で「O を C にする」という意味だ。

例 He made his daughter go to school.　「彼は娘を学校に行かせた」
　　 S　V　　 O 　　　　 C

his daughter を X，go (to school) を Y とおいてみると，「娘は（学校に）行くのだ」と言えるので，やはり〈S+V+O+C〉の第5文型となる。〈make+O+ 原形〉は「O に～させる」という意味。このように，C には動詞の変形；原形，〈to+ 原形〉，現在分詞 (-ing 形)，過去分詞 (-ed 形，ただし不規則変化あり) が入ることもある。

補足的に，O（目的語）と C（補語）の理解のしかたについて説明しよう。
O（目的語）は V（述語）で表される行為などの対象（相手）で，**必ず名詞**だ。
C（補語）は，**第2文型〈S+V+C〉においては S と，第5文型〈S+V+O+C〉においては O と，それぞれ「主語－述語」の関係にある要素**，ということになる。そして，C は **名詞でも形容詞でもいいし，前述のように動詞の変形の場合もある。**

3. 自動詞と他動詞

「自動詞」「他動詞」については，以下のように理解しよう。**O（目的語）がない動詞を「自動詞」，O がある動詞を「他動詞」という。**つまり，第1文型，2文型の動詞は「自動詞」，第3文型，第4文型，第5文型の動詞は「他動詞」ということになる。

自動詞	第1文型： **S ＋ V**
	第2文型： **S ＋ V ＋ C**
他動詞	第3文型： **S ＋ V ＋ O**
	第4文型： **S ＋ V ＋ O ＋ O**
	第5文型： **S ＋ V ＋ O ＋ C**

自動詞, 他動詞の簡単な区別の仕方は,「〜を」という日本語をつけられるかどうかで考えるとわかりやすい。O は一般に「〜を」と訳すからだ。たとえば, go は,「学校を行く」とは言わないから自動詞。visit は,「学校を訪問する」と言えるから他動詞だ。

　もっとも, このやり方で考えると間違えるものもある。marry や enter は他動詞だけど,「彼を結婚する」「部屋を入る」とは言わない。このようなものは, 文法・語法問題で問われるので, 整理しておく必要がある。

❸ 句 と 節

1. 句と節とは

　「句」も「節」も, 2語以上のカタマリを意味するが, 以下のような違いがある。

> 「句」→〈S+V〉を含まないカタマリ。　「節」→〈S+V〉を含むカタマリ

　たとえば, on the desk や playing the piano というカタマリは「句」で, if it rains や what I want というカタマリは「節」ということになる。そして「句」には, その働きにより,「名詞句」「形容詞句」「副詞句」がある。節にも,「名詞節」「形容詞節」「副詞節」がある（名詞, 形容詞, 副詞の働きについては, 6ページを参照）。それぞれの「句」や「節」にはどんなものがあるのか, 表にまとめてみよう。

	種　類	働　き	句 や 節 を 作 る も の
句	名詞句	S, O, C になる	不定詞, 動名詞
	形容詞句	名詞を修飾	不定詞, 分詞, 前置詞
	副詞句	名詞以外を修飾	不定詞, 分詞, 前置詞
節	名詞節	S, O, C になる	従属接続詞（that / if / whether）, 疑問詞, 関係詞
	形容詞節	名詞を修飾	関係詞
	副詞節	名詞以外を修飾	従属接続詞, 関係詞

以下, 表の上のほうから順に説明する。

2. 句

(1) 名詞句

　S, O, C になる句。**不定詞や動名詞のカタマリ**である。どちらも,「〜すること」と訳す場合が多い。

例 My desire is 〈to study abroad〉.　「私の希望は留学することだ」
　　　S　　　　V　　C

例 He enjoyed 〈swimming in the sea〉.　「彼は海水浴（海で泳ぐこと）を楽しんだ」
　　S　　V　　　　O

それ以外には,〈疑問詞＋to *do*〉も名詞句を作る。

例 I didn't know 〈which way to go〉.　「私は**どちらの道に行くべきかわからなかった**」
　　 S　　 V　　　　　　 O

（2）形容詞句

名詞を修飾する句。**不定詞, 分詞, 前置詞のカタマリ**がこれにあたる。

例 I have a lot of *homework* 〔to do〕.　「私には**やるべき宿題がたくさんある**」
　　S　 V　　　　　　 O

to do が homework という名詞を修飾しているね。

例 Look at *the dog* 〔running in the park〕.　「**公園で走っている犬を見なさい**」
　　 V

running in the park というカタマリが the dog という名詞を修飾している。

例 I bought *a ticket* 〔for the concert〕.　「私は**コンサートのチケットを買った**」
　　S　 V　　　 O

for the concert という前置詞のカタマリが, a ticket という名詞を修飾している。

（3）副詞句

名詞以外（主に動詞）を修飾する句。**不定詞, 分詞, 前置詞のカタマリ**がこれにあたる。なお, 分詞が副詞句を作ると,「分詞構文」と呼ばれ,【時】【理由】【付帯状況】などの意味を表す（例文2）。

例 He *went* to America （to study jazz）.　「彼は**ジャズの研究をするために**アメリカへ行った」
　　S　 V

to study jazz という不定詞のカタマリが went という動詞を修飾している。ここでは「〜するために」という【目的】の意味。

例 He *entered* the room, （taking off his hat）.「彼は**帽子を脱ぎながら**部屋に入った」
　　S　 V　　　 O

taking off his hat という分詞のカタマリ（分詞構文）が entered という動詞を修飾している。ここでは「〜しながら」という【付帯状況】の意味。

例 I *got* （to the station）（at ten）.　「私は **10 時に 駅に到着した**」
　　S　V

to the station と at ten という2つの前置詞のカタマリが, いずれも got という動詞を修飾している。

3．節

（1）名詞節

S, O, C になる節。**従属接続詞（that / if / whether）, 疑問詞, 関係詞**が名詞節を作る。ここで,「従属接続詞」について説明しよう。

接続詞には,「等位接続詞」「従属接続詞」の2種類がある。「等位接続詞」は and や or のように, 前後を対等に結ぶ（並列する）接続詞だ（14 ページ参照）。これに対して, 従属接

続詞は，**節を作るタイプの接続詞**だ。そして，従属接続詞は数多くあるが，その中で**名詞節を作れるのは** that「…こと」／ if「…かどうか」／ whether「…かどうか」の**３つだけ**で，それ以外のすべての従属接続詞は副詞節しか作れない。

例文を見てみよう。

例 〈**That** you study Spanish now〉 is a good idea.
　 S 　　S 　　 V 　　　　 O 　　　　 V 　　C

「あなたが今スペイン語を勉強する**こと**はいい考えだ」

例 I don't know 〈**if**[**whether**] he will come here tomorrow〉.
　 S 　　 V 　　　　　 O 　　　　 S 　　 V

「明日彼がここに来るの**かどうか**わからない」

このほか，**疑問詞も名詞節を作る**。前提として，まず，疑問詞について確認しよう。what「何」，who「誰」，which「どちら」，when「いつ」，where「どこ」，why「なぜ」，how「どのように」といった語を疑問詞という。これらの最も基本的な働きは，疑問文で文頭に置かれる用法だ。

例 What does he want?　「彼は何が欲しいの？」
　 (V) 　 S 　 V

この疑問詞が，名詞節を作って，文中でS，O，Cになることがある。

例 I don't know 〈**what** he wants〉.　「私は，彼が**何を**欲しがっているのか知らない」
　 S 　 V 　　　　 O 　　 S 　 V

このような文のことを「**間接疑問文**」という。上の２つの例文で，what のあとの語順を比較してほしい。文中に what がある場合は，そのあとが does he want という疑問文の語順ではなく，he wants という**平叙文の語順**になる。

最後に，**一部の関係詞も名詞節を作る**ことがある。これは，関係詞の中では少数派であり，関係詞の大半は，次に見る形容詞節を作る。名詞節を作る関係詞は，**what**「…すること／…するもの」と **how**「…する方法」を押さえておこう。

例 〈**What** I want〉 is a new car.　「私が欲しい**もの**は新しい車だ」
　 S 　　 S 　 V 　　 V 　 C

例 This is 〈**how** I solved the problem〉.
　 S 　V C 　　　 S 　 V 　　 O

「これが，私が問題を解決した**方法**だ（→このようにして私は問題を解決した）」

(2) 形容詞節

名詞を修飾する働きをする節。これを作るのは**関係詞だけ**だ。関係詞には，関係代名詞と関係副詞の２つがあって，関係代名詞は後ろに「**不完全な文**」（S や O などが欠けている文），関係副詞は後ろに「**完全な文**」（S や O などが欠けていない文）が続く。例文で確認してみよう。

例 I have *a friend* 〔**who** lives in Osaka〕. 「私には大阪に住んでいる友人がいる」
　　S　V　　　O　　　　　　　　V

関係代名詞 who から始まるカタマリが friend という名詞を修飾している。who の後ろには lives に対する S が欠けた文（＝不完全な文）が続いている。

例 This is *the place* 〔**where** I met her first〕. 「ここは私が初めて彼女に会った場所だ」
　　S　V　　 C　　　　　　　　S　V　 O

関係副詞 where から始まるカタマリが place という名詞を修飾している。where の後ろには，I (S) met (V) her (O) という，何も欠けていない文（＝完全な文）が続いている。

（3）副詞節

名詞以外（主に動詞）を修飾する節。従属接続詞は全て，副詞節を作ることができる。

例 I like him （**because** he is generous）. 「彼は気前がいいので好きだ」
　　S　V　 O　　　　　　　 S　V　　C

従属接続詞 because から始まるカタマリが like という動詞を修飾している。

先ほど名詞節のところで出てきた that / if / whether は，名詞節だけではなく副詞節も作ることができる（ただし，that は so 〜 that … 構文など，特殊な構文に限られる）。**if は「もし…すれば」，whether は「…しようがするまいが」の意味では副詞節**である。

例 I will stay home （**if** it rains tomorrow）. 「もし明日雨が降ったら，家にいるつもりだ」
　　S　　V　　　　　　　　S　　V

従属接続詞 if から始まるカタマリが stay という動詞を修飾している。

このほか，「複合関係詞」と呼ばれる特殊な関係詞が副詞節を作ることができる。これは，**関係詞の後ろに -ever をくっつけたもの**で，whoever, whatever のように〈関係代名詞＋-ever〉のタイプと，whenever, wherever のように〈関係副詞＋-ever〉のタイプがある。

例 I will reject your offer （**whatever** you say）.
　　S　　V　　　O　　　　　　　　　S　V

「たとえ君が何を言っても，私は君の申し出を断ります」

whatever から始まるカタマリが reject という動詞を修飾している。

4. 句と節の文中での位置

ここまで見た，合計６種類の句・節のうち，**副詞句・副詞節の２つは基本的に文中での位置が自由である**。

前掲の副詞句の例文は，以下のように書き換えてもよい。

例 He went to America （to study jazz）.

　＝（To study jazz），he went to America.

13

副詞節の例文も同様。

例 I will stay home (if it rains tomorrow).

= (If it rains tomorrow), I will stay home.

より長い文だと，副詞句・副詞節が文の中ほどに挿入されることもある。

これに対して，名詞句・名詞節は，S，O，C などのあるべき位置に，形容詞句・形容詞節は，修飾する相手の名詞の後ろに置かれる。したがって，文中での位置は自由ではない。

④ 並列

1. 等位接続詞

and や or などのように，**前後を対等の関係に結ぶ接続詞**を「等位接続詞」という。これに対し，前述の that や because など，節を導く接続詞を「従属接続詞」という。

2. 並列

等位接続詞によって対等の関係に結ばれることを「**並列**」という。

例 He studied English and mathematics. 「彼は**英語**と**数学**を勉強した」
① ②

English と mathematics が並列されている。つまり，O が2つ並列されている。

＊なお，本書では並列されているもの同士を①，②，③……のように示す。

例 He studied English, mathematics and science. 「彼は**英語**と**数学**と**理科**を勉強した」
① ② ③

English, mathematics, science が並列されている。つまり，O が3つ並列されている。3つ以上の並列の場合，〈① and ② and ③〉としてもよいが，〈①, ② and ③〉のように，等位接続詞は最後に1回だけ用いるのがふつう。

例 He studied English and read a comic book. 「彼は**英語**を勉強し，**漫画**を読んだ」
① ②

studied English と read a comic book が並列されている。つまり，〈V+O〉が2つ並列されている。

例 He studied English and his brother read a comic book.
① ②

「彼は**英語**を勉強し，**彼の弟**は**漫画**を読んだ」

He studied English と his brother read a comic book が並列されている。つまり，〈S+V+O〉が2つ並列されている。

3. 様々な等位接続詞

and 以外の等位接続詞としては，or「または」／ but「しかし」／ yet「しかし」／ so「だから」／ nor「～も～ない」／ for「というのは～だからだ」がある。**and と or は語，句，節を並列する**のに対し，**その他は主に節を並列**する。

例 Which do you like better, tea or coffee?
　　　　　　　　　　　　　　　①　②

　「**紅茶**と**コーヒー**ではどちらのほうが好きですか」

例 She is wealthy, but [yet] she is unhappy.　「**彼女**は**裕福**なのに**不幸**だ」
　　　　①　　　　　　　　　　②

＊but や yet が語を並列することもある。

例 This is a simple but [yet] important question.　「これは**単純**だが**重要**な問題だ」
　　　　　　　①　　　　　②

例 He worked hard, so he passed the entrance examination.
　　　　　①　　　　　　　　　　　②

　「**彼**は**一生懸命勉強**した，だから**入学試験に合格**した」

例 He felt no fear, for he was a brave man.
　　　　①　　　　　　②

　「**彼**は**恐怖**を感じなかった，というのは**勇敢な男**だったからだ」

例 He isn't rich, nor has he ever been.　「**彼**は**金持**ではないし**金持**だったこともない」
　　　①　　　　　　②

＊nor のあとは倒置が起こり，疑問文のような語順になる。

4. 等位接続詞による相関語句

以下も A と B が文法上対等になる。

□ not A but B　　　　　　「A ではなくて B」（= B, not A）
□ both A and B　　　　　　「A と B の両方」（= at once A and B）
□ either A or B　　　　　　「A か B のどちらか」
□ neither A nor B　　　　　「A も B もどちらも～ない」（= not ～ either A or B）
□ not only A but also B　　「A だけでなく B も」（= B as well as A）

例 He studied both English and French.　「**彼**は**英語**と**フランス語**の両方を勉強した」
　　　　　　　①　　　　　②

そのほか，A rather than B [rather A than B]「B というよりむしろ A」，A, if not B「B ではないとしても A」なども並列構造を作り，A と B が文法上対等となる。

解答

問1	(1) ⑧	(2) ①	(3) ⑥	(4) ②
	(5) ⑤	(6) ⑦	問2	④

解説

問1

(1) 空所直前にある前置詞 for には【期間】を表す用法があり，for years で「長年にわたり」の意味。

(2) 空所直前に these「これらの」とあるので，直前文の life「生物」を言い換えたものが入ると考えられる。 being は be 動詞の -ing 形としての働きのほか，「生き物，生命体」の意味を表す名詞としての用法を持つ。

> ★ this「これ，この」やその複数形である these「これら（の）」は，原則として**直前の文にその指示内容がある**と考えてよい。ただし，段落第1文の this / these は直前の段落の全体または一部の内容を指す。

(3) 直後の文 Scientists believe the universe is about 12 billion years old.「科学者は宇宙が約 120 億年の歴史を持つと考えている」より，time「時間」が適切。

> ★英語の文章の展開は，＜抽象⇒具体＞が原則。「第1の理由は"時間"である」というのは抽象的でよくわからないが，**この後で具体的な数値を挙げて説明**している。空所 (5) も同様の考え方で解ける。

(4) **冠詞 the と名詞 universe の間に空所があるので，ここには形容詞が入る。**選択肢の中で形容詞は② entire「全体の」のみ。 only one planet in the entire universe で「宇宙全体でたった1つの惑星」の意味になる。 only one planet はここでは地球のこと。

(5) **直後**に the universe is huge「宇宙は巨大だ」とあるので，size「大きさ」が適切。記号**「—」(ダッシュ) は【言い換え】や【具体化】**を示す。

(6) 空所直後の such as に注目する。*A* such as *B* や such *A* as *B* は「（た とえば）B のような A 」の意味で，**B には A の具体例にあたるものが 入る**（例 sports such as baseball, soccer and tennis「野球やサッカー やテニスのようなスポーツ」）。そこで，the Hubble Telescope が何の具 体例であるかを考える。telescope は「望遠鏡」なので，tool(s)「道具」の 具体例と考えるのが適切。

問2

① 「今日，科学者は地球以外の惑星に生物は存在しないと考えている」

▶第1段落第2・3文と不一致。かつてはそのように考えられていたが， 現在，科学者の見解は変わりつつある。

② 「私たちが知能を持つ生物と接触するのは遠い未来のことだと考えられて いる」

▶第1段落最終文と不一致。soon とあるのに注目する。

③ 「科学者は宇宙が約12億年前から存在すると考えている」

▶第2段落第3文と不一致。billion は「10億」なので，12 billion years は「120億年」である。

④ **「宇宙には少なくとも1,000億の銀河が存在することがわかっている」**

▶第2段落第6文と一致。

⑤ 「最近，地球に類似した惑星がいくつか存在することが確認された」

▶第2段落最終文参照。助動詞 might があるので，地球に類似した惑星が ある「かもしれない」のであって，「確認された」わけではない。

▼

それでは次に, 段落ごとに詳しくみていこう。 01

第1段落　文の構造と語句のチェック

¹Is there <u>intelligent life</u> (on other planets)？²(For years), <u>scientists</u> <u>said</u> "No" or
V　　　　S　　　　　　　　　　　　　　　　　　　　　　　S　　　V　　　　　等接

"We do not know." ³But today, <u>this</u> <u>is</u> changing. ⁴<u>Seth Shostak</u> and <u>Alexandra</u>
　　　　O　　　　　等接　　　　S　　V　　　　　　　　　　　　　　　　等接　　S

　　　　　　　　　　　　　　　　┌─ 従接 that 省略
<u>Barnett</u> <u>are</u> <u>astronomers</u>. ⁵<u>They</u> <u>believe</u> ⟨ <u>intelligent life</u> <u>exists</u> (somewhere in the
S　　　V　　　C　　　　　S　　V　　　　S　　　　　　V

　　　　　　　　　　┌─ 従接 that 省略
universe)⟩. ⁶<u>They</u> also <u>think</u> ⟨we will soon <u>contact</u> <u>these beings</u> ⟩.
　　　S　　　　　V　O　S　　　　　　V　　　　O

訳 ¹他の惑星に知能を持つ生物はいるのだろうか。²長年, 科学者は「ノー（いいえ）」または「わからない」と言っていた。³しかし今日, これは変わりつつある。⁴セス・ショスタックとアレクサンドラ・バーネットは天文学者である。⁵彼らは知能を持つ生物が宇宙のどこかに存在すると信じている。⁶彼らはまた, 私たちが近いうちにこのような生命体と接触するとも考えている。

語句

intelligent	形	知能を持つ, 知能が高い
life	名	生物, 生命体
other	形	他の
planet	名	惑星
for years	熟	何年もの間, 長年にわたり
scientist	名	科学者
astronomer	名	天文学者
believe	動	信じる
exist	動	存在する, 実在する
somewhere	副	どこかに
universe	名	宇宙
contact	動	接触する, 連絡を取る
being	名	生き物, 生命体

第2段落　文の構造と語句のチェック

　　　　　　　　　　　　　　　　┌─ 従接 that 省略
¹Why do <u>Shostak and Barnett</u> <u>think</u> ⟨ <u>intelligent life</u> <u>exists</u> (on other planets)⟩?
(V)　　　S　　　　　　　　　V　　O　S　　　　　V

　　　　　　　　　　　　　　　┌─ 従接 that 省略
²<u>The first reason</u> <u>is</u> <u>time</u>. ³<u>Scientists</u> <u>believe</u> ⟨ <u>the universe</u> <u>is</u> about 12 billion
S　　　　V　　C　　　S　　　　V　　　O　S　　V　　　C

18

years old 〉. ⁴This is too long, (say Shostak and Barnett), (for only one planet in
　　　　　　　　S　V　C　　　　　 V　　　S　　 等接

the entire universe to have intelligent life). ⁵The second reason is size —
S'　　　　　　　　　　　 V'　　　O'　　　　　　　　　　　　　 S　　　　　V　 C

the universe is huge. ⁶Tools 〔 such as the Hubble Telescope 〕 "have shown 〈 that
S　　　　　V　 C　　　 S　　　　　　　　　　　　　　　　　　　 V　　　　 O　従接

there are at least 100 billion... galaxies 〉," says Shostak. ⁷ And our galaxy, the Milky
　　　 V　　　　　　　　　S　　　　　　　　　　 V　 S　　 等接　 S ——同格——

Way, has at least 100 billion stars. ⁸Some planets 〔 that circle these stars 〕
　　　 V　　　　　　O　　　　　　　 S　　　　 関代　 V　　　O

might be similar (to Earth).
　　 V　　 C

訳 ¹なぜショスタックとバーネットは他の惑星にも知能を持つ生物が存在すると考えているのだろうか。²第1の理由は時間である。³科学者は宇宙が約120億年の歴史を持つと考えている。⁴これは，宇宙全体でたった1つの惑星だけが知能を持つ生物を持つには長すぎる，とショスタックとバーネットは言う。⁵第2の理由は大きさである，つまり，宇宙は巨大なのだ。⁶たとえばハッブル宇宙望遠鏡のような道具は「少なくとも1,000億の銀河が存在することを示した」とショスタックは言う。⁷そして，私たちの銀河，つまり天の川銀河（銀河系）は，少なくとも1,000億の恒星を持つ。⁸これらの恒星の周りを回る惑星の中には，地球と類似しているものもいくつかあるかもしれない。

語 句

reason	名	理由
billion	名	10億
entire	形	全体の，全ての
size	名	大きさ
huge	形	巨大な
tool	名	道具
such as ～	熟	（たとえば）～のような
telescope	名	望遠鏡

show	動	示す
at least	熟	少なくとも
galaxy	名	銀河，星雲
the Milky Way	名	銀河系，天の川
		（＝the Galaxy）
star	名	星，恒星
circle	動	～の周りを回る
similar	形	似ている，類似した
▶ be similar to ～	熟	～に類似した

文法事項の整理 ①　接続詞 that

第 1 段落第 5 文の that についてみてみよう

They believe **(that)** intelligent life exists somewhere in the universe.

　believe の後の that は接続詞である。このような動詞の直後にある that は省略されることも多い。

　接続詞 that の基本的な働きは**「名詞節を導く」**こと。名詞節とは，文中で S・O・C になる節のことである。この場合，that は「…（という）こと」と訳すのが原則だが，あまり訳に表れない場合も多い。なお，**文頭に置かれる場合を除き，that は省略可。**

例　I didn't know that he was ill.
　　S　V　　　　O
　「私は彼が病気だということを知らなかった」

例　The problem is that we have little money.
　　　　S　　　 V 　　　　C
　「問題は，私たちがほとんどお金を持っていないということだ」

例　That he was wrong was clear.
　　　　　　S　　　 V　 C
　= It was clear that he was wrong.
　　仮S　V　 C　　　　真S
　「彼が間違っていることは明らかだった」

■その他の英文中の接続詞 that

■第 1 段落最終文

They also think we will soon contact these beings.

　▶ think の後に 接続詞 that が省略されている。

■第 2 段落第 1 文

Why do Shostak and Barnett think intelligent life exists on other planets?

　▶ think の後に接続詞 that が省略されている。

■ 第2段落第3文

Scientists believe the universe is about 12 billion years old.

▶ believe の後に接続詞 that が省略されている。

■ 第2段落第6文

Tools such as the Hubble Telescope "have shown that there are at least 100 billion… galaxies," …

▶ 接続詞 that が導く節（that … galaxies）が have shown に対する O になっている。

　以上，接続詞 that が導く節がいずれも動詞に対する O になっている。

語句リストの復習

次の和訳と対応する英語の語句を，ヒントを参考にして書き，空欄を完成させよう。

/ **20点**

①	i	形	知能を持つ，知能が高い
②	p	名	惑星
③	s	名	科学者
④	a	名	天文学者
⑤	e	動	存在する，実在する
⑥	s	副	どこかに
⑦	u	名	宇宙
⑧	c	動	接触する，連絡を取る
⑨	b	名	生き物，生命体
⑩	r	名	理由
⑪	b	名	10 億
⑫	e	形	全体の，全ての
⑬	s	名	大きさ
⑭	h	形	巨大な
⑮	t	名	道具
⑯	t	名	望遠鏡
⑰	at l	熟	少なくとも
⑱	g	名	銀河，星雲
⑲	c	動	〜の周りを回る
⑳	be s ... to 〜	熟	〜に類似した

答 ① intelligent ② planet ③ scientist ④ astronomer ⑤ exist ⑥ somewhere ⑦ universe
⑧ contact ⑨ being ⑩ reason ⑪ billion ⑫ entire ⑬ size ⑭ huge ⑮ tool ⑯ telescope
⑰ least ⑱ galaxy ⑲ circle ⑳ similar

ディクテーションしてみよう！　🔊 02-03

今回学習した英文に出てきた単語を，音声を聞いて □□ に書き取ろう。

Is there ❶ i_____ life on other planets? For years, scientists said "No" or "We do not know." But today, this is changing. Seth Shostak and Alexandra Barnett are astronomers. They believe intelligent life exists ❷ s_____ in the universe. They also think we will soon ❸ c_____ these beings.

Why do Shostak and Barnett think intelligent life exists on other planets? The first reason is time. Scientists believe the universe is about 12 ❹ b_____ years old. This is too long, say Shostak and Barnett, for only one planet in the ❺ e_____ universe to have intelligent life. The second reason is size — the universe is huge. ❻ T_____ such as the Hubble Telescope "have shown that there are at ❼ l_____ 100 billion... galaxies," says Shostak. And our galaxy, the Milky Way, has at least 100 billion stars. Some planets that circle these stars might be ❽ s_____ to Earth.

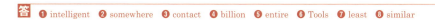

答 ❶ intelligent　❷ somewhere　❸ contact　❹ billion　❺ entire　❻ Tools　❼ least　❽ similar

解 答

問1	(1) as	(2) car	(3) them

問2	(ア) 彼は車が傷をつけられたかどうか確認するために，車を注意深く点検した
	(イ) 彼らが家に着いたとき，泥棒が彼らのアパート内にあったほとんどすべての物を持ち去ったことがわかった。

問3	(1) ×	(2) ×	(3) ○	(4) ×	(5) ×

解 説

問1

(1) as usual で「いつものように，いつもどおり」という意味。

(2) 空所のあとの there が outside his apartment を指すので，その場にもともと何があったかを考える。また，次の文で，警察が「車を見つけるよう努める」と述べていることからもわかる。

(3) tell は〈tell＋O_1＋O_2〉「O_1にO_2を話す[伝える，教える]」のパターンで第4文型を形作る。そこで，空所にはO_1（伝える相手）が入る。車の盗難について伝える相手は警察だが，**police は複数扱い**するので代名詞は them となる（この直後にも they が2つあるが，いずれも the police を指す）。

問2 以下のポイントをおさえよう！

(ア) He examined it carefully to see whether it had been damaged

☑ 2か所ある it はいずれも the car を指す。

☑ examine は「検査する，点検する」。carefully「注意深く」が examined を修飾している。

☑ to see 以下は不定詞の副詞用法で，【目的】（〜するために）を表す。

☑ whether は名詞節で「…かどうか」，副詞節で「…であろうとなかろうと」の意味。ここでは see の目的語になっているので名詞節。

☑ see は「調べる，確かめる」の意味。see whether [if] ... で「…かどうか確かめる」。

24

☑ damage は「傷つける，損傷する」。ここでは，**【大過去】（過去よりさらに過去）**を表す**過去完了形の受動態〈had been＋過去分詞〉**になっている。

（イ）When they got home, they found that thieves had taken almost everything they had had in their apartment.

☑ 文頭の when は**副詞節を導く接続詞**で，「…するときに」の意味。

☑ got home の got は get「到着する」の過去形。get home で「家に着く，帰宅する」の意味。

☑ found は find の過去形。find that ... は「…ことに気づく，…ことがわかる」の意味。

☑ thieves は thief「泥棒」の複数形。

☑ had taken は過去完了形で，**【大過去】（過去よりさらに過去）**を表す。ここでは，**スミス夫妻が気づいた（they found）よりも，泥棒が持ち去ったほうが前**なので，この時制になっている。

☑ take の本来の意味は「持っていく」。ここでは，「盗む，持ち去る」の意味。

☑ almost は「ほとんど〜，ほぼ〜」の意味。almost everything「ほとんどすべての物」

☑ everything のあとに**目的格の関係代名詞 that[which] が省略**されている。

☑ had had は have の過去完了形。これも**【大過去】**を表す。

問3

(1) 第2段落第1文に車が戻ってきたとあるので✕。

(2) 第2段落第1文に車が戻ってきたとあるが，これは警察が見つけたわけではなく，続く第2文からわかるように，盗んだ犯人によって返されたのである。よって，✕。

(3) 第1段落第1文，第2段落第1文より〇。

(4) 第2段落第2文にあるように，「アパートに送られてきた」のではなく，車の座席に置いてあったのである。よって，✕。

(5) 第2段落第2文からは正しいようにも思えるが，第3，4段落の内容から，車を盗んだ犯人は，演劇のチケットを与えることでスミス夫妻を外出させ，その間にアパートに侵入して盗みを働いたと考えられる。よって，✕。

第1段落　文の構造と語句のチェック

[1]Mr. Smith left his car (outside his apartment)(one night),(as usual), but (when
　　　S　　　　V　　O　　　　　　　　　　　　　　　　　　　　　　　　　　　　　　　　　　　等接　　従接

he came down (the next morning)(to go to his office)), he discovered ⟨ that
S　　V　　　　　　　　　　　　　　　　　　　　　　　　　　　　　　　S　　V　　　　　O 従接

the car wasn't there ⟩. [2]He called the police and told them ⟨ what had happened ⟩,
　　S　　V　　　　　　　　　　S　　V　　　O　　等接　V　O₁　O₂疑or関代　　　V

and they said ⟨ that they would try to find the car ⟩.
等接　S　　V　　O従接　S　　　V　　　　　O

> 訳 [1]スミス氏はある晩，いつものように，自分のアパートの外に車を置いておいた。しかし，翌朝会社に行くために下りてきたとき，車がその場所にないことに気づいた。[2]彼は警察を呼び，何が起こったのかを説明した。そして警察は，車を見つけるよう努力すると言った。

Check! 第2文の what は，関係代名詞と考えて「…こと」と訳しても，疑問詞と考えて「何が…か」と訳しても可。このように，どちらとも解釈できる場合がある。

語句

leave	動 置いていく	**office**	名 会社，職場
＊活用：leave-left-left		**discover**	動 発見する，気づく
outside	前 ～の外（側）に	**there**	副 そこに
apartment	名 （アパート・マンションなどの）集合住宅	**call**	動 呼ぶ，電話する
		police	名 警察
one night	熟 ある晩	**happen**	動 起こる
as usual	熟 いつものように，普段どおりに	**try to *do***	熟 ～しようとする，～しようと努力する
come down	熟 下りてくる	**find**	動 見つける
next	形 次の	＊活用：find-found-found	

26

第2段落　文の構造と語句のチェック

¹(When Mr. Smith came home (from his office)(that evening)), the car was
　　　従接　　　S　　　　V

back again (in its usual place 〔 in front of his house 〕). ²He examined it carefully (to
　　　　　　　　　　　　　　　　　　　　　　　　　　　　　　S　　①V　　　O

see 〈 whether it had been damaged 〉), and found two theater tickets (on one of
V'　O'　従接　S　　　V　　　　　②等接　V　　　　O①

the seats) and a letter 〔 which said, "We're very sorry. We took your car (because
　　　　　　等接　O②　　関代　　V　S　V　　C　　　S　　V　　O

of an emergency)." 〕

訳　¹スミス氏がその夜，会社から帰宅したとき，車は家の前のいつもの場所に再び戻ってい
た。²彼は車が傷をつけられたかどうか確認するために，車を注意深く点検した。そして，座
席の1つに，2枚の演劇のチケットと，「大変申し訳ございません。緊急だったので車を拝借
しました」と書かれた手紙を見つけた。

 Check!　第2文の whether は名詞節を導き，「…かどうか」の意味。

語句

come home	熟 帰宅する	**damage**	動 傷つける，損傷を与える
evening	名 晩，夕方	**theater**	名 劇場，演劇
back	副 戻って，元に	**seat**	名 座席
again	副 再び	**letter**	名 手紙
usual	形 いつもの	**say**	動 (…と) 書いてある
place	名 場所		＊活用：say-said-said
in front of ～	熟 ～の (すぐ) 前に，～の正面に	**sorry**	形 すまなく思って，申し訳なく思って
examine	動 調査する，検査する	**take**	動 持っていく，持ち去る
carefully	副 注意深く		＊活用：take-took-taken
see	動 確かめる，調べる	**because of ～**	熟 ～ (原因) のせいで
whether	接 …かどうか	**emergency**	名 緊急事態

第3段落　文の構造と語句のチェック

Mr. and Mrs. Smith <u>went</u> ① (to the theater) (with the two tickets) (the next
　　　　S　　　　　　V

night) <u>and</u> <u>enjoyed</u> <u>themselves</u> ② (very much).
　　　　等接　　V　　　　O

訳 スミス夫妻は翌晩, その２枚のチケットを持って劇場に行き, とても楽しい時間を過ご
した。

語句

enjoy *one*self 熟 楽しく過ごす

very much 熟 とても, 非常に

第4段落　文の構造と語句のチェック

(When they got home), they found ⟨ that thieves had taken almost everything
　従接　S　V　　　　　　S　V　O従接　S　　　V　　　　O
　　　──関代 that [which] 省略

[they had had (in their apartment)]⟩.
　S　　V

訳 彼らが家に着いたとき, 泥棒が彼らのアパート内にあったほとんどすべての物を持ち去
ったことがわかった。

Check! everything のあとに, 目的格の関係代名詞 that[which] が省略されてい
る。〈名詞＋S＋V...〉のパターンを見たら, 関係詞の省略を考えよう！

語句

get 動 到着する, 着く
　＊活用：get-got-got [gotten]
▶ **get home** 熟 家に着く

find 動 気づく, わかる
thief 名 泥棒（複数形 thieves）
almost 副 ほとんど, ほぼ
everything 名 すべての物

文法事項の整理 ②　接続詞 whether

第2段落第2文の whether についてみてみよう

He examined it carefully to see **whether** it had been damaged, ...

接続詞 whether は，**名詞節を導く用法**と，**副詞節を導く用法**がある。

この whether は see のO（目的語）になっているので，名詞節。よって，if に置き換え可能。

■名詞節の場合

「…かどうか」の意味を表す。

例　〈 Whether it is true or not 〉doesn't matter.
　　　 S　　　　　　　　　　　　 V

「それが本当かどうかは問題ではない」

▶ Whether の導く節がSになっているので，**名詞節**。

■名詞節を導く whether がOになる場合，if に置き換え可能

例　I don't know 〈 whether [if] it is true or not 〉.
　　 S　　 V　　　　 O

「私はそれが本当かどうか知らない」

▶ 第2段落第2文は以下に書き換え可能。

He examined it carefully to see if it had been damaged, ...

■副詞節の場合

「…であろうとなかろうと」の意味を表す。

例　（ Whether it is true or not ），I will do my best.
　　　　　　　　　　　　　　　　　 S　 V　　 O

「それが本当であろうとなかろうと，私は最善を尽くす」

▶ Whether の導く節が動詞 do を修飾しているので，**副詞節**。

語句リストの復習

次の和訳と対応する英語の語句を，ヒントを参考にして書き，空欄を完成させよう。

- 20点 → パーフェクト！ 語彙力が武器になります！
- 16～19点 → その調子！ 着実に身についてます。
- 12～15点 → もう一度取り組むと安心です。
- 11点以下 → 要復習！ 声に出して読むと覚えやすい。

①	o	前	～の外（側）に
②	as u	熟	いつものように，普段どおりに
③	o	名	会社，職場
④	d	動	発見する，気づく
⑤	p	名	警察
⑥	h	動	起こる
⑦	f	動	見つける
⑧	e	名	晩，夕方
⑨	in f of ～	熟	～の（すぐ）前に，～の正面に
⑩	e	動	調査する，検査する
⑪	c	副	注意深く
⑫	d	動	傷つける，損傷を与える
⑬	t	名	劇場，演劇
⑭	l	名	手紙
⑮	s	形	すまなく思って，申し訳なく思って
⑯	b of ～	熟	～（原因）のせいで
⑰	e	名	緊急事態
⑱	e *one*self	熟	楽しく過ごす
⑲	t	名	泥棒
⑳	a	副	ほとんど，ほぼ

答 ① outside ② usual ③ office ④ discover ⑤ police ⑥ happen ⑦ find ⑧ evening ⑨ front ⑩ examine ⑪ carefully ⑫ damage ⑬ theater ⑭ letter ⑮ sorry ⑯ because ⑰ emergency ⑱ enjoy ⑲ thief ⑳ almost

ディクテーションしてみよう！　🔊 05-08

今回学習した英文に出てきた単語を，音声を聞いて □□□ に書き取ろう。

Mr. Smith left his car outside his apartment one night, as usual, but when he came down the next morning to go to his ❶o [   ], he ❷d [   ] that the car wasn't there. He called the ❸p [   ] and told them what had happened, and they said that they would try to ❹f [   ] the car.

When Mr. Smith came home from his office that evening, the car was back again in its usual place in ❺f [   ] of his house. He examined it ❻c [   ] to see whether it had been damaged, and found two theater tickets on one of the seats and a ❼l [   ] which said, "We're very sorry. We took your car ❽b [   ] of an emergency."

Mr. and Mrs. Smith went to the theater with the two tickets the next night and ❾e [   ] themselves very much.

When they got home, they found that thieves had taken ❿a [   ] everything they had had in their apartment.

答 ❶ office ❷ discovered ❸ police ❹ find ❺ front ❻ carefully ❼ letter ❽ because ❾ enjoyed ❿ almost

解 答

問1	(1) ③	(2) ①	(3) ③	(4) ②
問2 ②	問3 ①		問4 ④	問5 ②

解 説

問1

(1) point out 〜 は「〜を指す」という意味。

(2) 空所は write down の意味上の目的語になる名詞節を導く役割で, 後ろは他動詞 say の目的語が欠けている。よって**名詞節を導く関係代名詞 what** が入る。

(3) 空所の前に過去分詞形の written「書かれた」があるので, **受動態の動作主を表す by「〜によって」**が適切。

(4) 空所は ask の目的語になる名詞節を導く役割。空所以下の内容から「たずねる」という意味と判断して②の if がよい。**if は名詞節を導くと「…かどうか」**という意味を表す。

問2

　第1段落第2文に near death「死に近い」とあることがヒント。effort は「努力」の意味だが, 死に近い人がささやくのだから, **「いくらかの努力を伴って」**→**「やっとの思いで」**と考える。

問3

　この兵士の状況と, 直後の兵士の発言の to the end から考えると①が適当。②と④は記述がなく, ③は to the end と不一致。

問4

　本文は, 死に直面した兵士の手紙の代筆をし, さらに兵士のために手を握り最後まで励まし続けた, **リンカーンの優しさ**について述べたものである。よって, ④「ある親切な行為」が正解。他の選択肢は①「死ぬ方法」, ②「戦争の偶然」, ③「生きる目的」。

問5

① 第1段落第1文に Civil War とあるが, これは「アメリカ南北戦争」であって独立戦争ではない。さらに話の中心は兵士よりむしろリンカーンである

ので, 不一致。

② 第3段落の兵士の発言に I'm afraid I'm not going to recover. **「回復することはなさそうです」とあるので一致。**

③ 「しぶしぶ」とは書かれていないため, 不一致。

④ 第4段落より手紙に署名したのはリンカーンであることがわかるので, 不一致。

⑤ 第6段落の内容に不一致。「大統領が死ぬまで慰問した」とは書かれていない。until death came は大統領ではなく兵士のこと。

▼

それでは次に, 段落ごとに詳しくみていこう。 09

第1段落 文の構造と語句のチェック

¹President Abraham Lincoln often visited hospitals (to talk with wounded
　 S 　　　　　　　　　　　　　　 V 　　　 O

soldiers) (during the Civil War). ²Once, doctors pointed out a young soldier 〔who
　　　　　　　　　　　　　　　　　　　　①　 S 　　　 V 　　　　 O 　　　　 関代

was near death〕 and Lincoln went over (to his bedside).
 V 　　 C 　　 等接 　 S 　　　 V
　　　　　　　　　　　　　　 ┌─関代 that [which] 省略
　　　　　　　　　　　　　　 ↓
³"Is there anything 〔I can do for you〕?" asked the President.
 V 　　　 S 　　　　 S V 　　　　　　 V 　　　 S

> **訳** ¹南北戦争中, エイブラハム=リンカーン大統領はしばしば, 負傷した兵士と話をするために病院を訪れた。²あるとき, 医者たちが死にかけている若い兵士を指差し, リンカーンは彼の枕元へと向かった。
> ³「何かあなたのためにしてあげられることはないだろうか」と大統領はたずねた。

Check! 第1文の to talk ... は不定詞の副詞用法で,【目的】を表す。

33

語句

visit	動	訪れる
wounded	形	負傷した
soldier	名	兵士
during	前	～の間
Civil War	名	南北戦争

once	副	一度, あるとき
point out ～	熟	～を指差す, 指で示す
death	名	死
go over	熟	(近寄って)行く
bedside	名	枕元
anything	代	(疑問文で)何か

第2段落　文の構造と語句のチェック

①
<u>The soldier</u> obviously <u>didn't recognize</u> <u>Lincoln</u>, <u>and</u> (with some effort) ②<u>he</u>
　S　　　　　　　　　　　V　　　　　　　O　　　等接　　　　　　　　　　　　　　　S

<u>was able to whisper</u>, "<u>Would</u> <u>you</u> please <u>write</u> <u>a letter</u> 〔to my mother〕?"
　V　　　　　　　　　　(V)　S　　　　　V　　O

> 訳 兵士は明らかにリンカーンであることに気づいていなかった。そして, やっとのことで彼は小声で言った。「母への手紙を書いていただけませんか」

Check! with some effort は全体で副詞として働く。

語句

obviously	副	明らかに
recognize	動	(～だと)わかる

effort	名	努力
whisper	動	ささやく, 小声で話す

第3段落　文の構造と語句のチェック

[1]<u>A pen and paper</u> <u>were provided</u> <u>and</u> <u>the President</u> carefully <u>began</u> 〈<u>writing</u>
　S　　　　　　　　　　V　　　　　　　等接　　S　　　　　　　　　　　V　　O　V′

down 〈<u>what</u> <u>the young man</u> <u>was able to say</u>〉〉:
　　　O′関代　S　　　　　　　V

┌─I was 省略　　　　　　従接 that 省略─┐
　　　　　　　　　　　　　　　　　↓　　　　　　　　　　　　　　　　　↓
[2]"My dearest mother, <u>I</u> <u>was badly hurt</u> (while doing my duty). [3]<u>I'm</u> <u>afraid</u> 〈<u>I'm</u>
　　　　　　　　　　　　S　　V　　　　　従接　　　　　　　　　　S V　C　　　S

<u>not going to recover</u>〉. [4]<u>Don't grieve</u> (too much) (for me), please. [5]<u>Kiss</u>
　V　　　　　　　　　　　　　V　　　　　　　　　　　　　　　　　　　　　　　V

34

Mary and John（for me）. ⁶May God bless you and father."
　　　　O　　　　　　　　　（V） S　 V　　　 O

> **訳** ¹ペンと紙が用意され，大統領は注意深く，その若い兵士が口に出したことを書き始めた。
> ²「親愛なるお母さん，私は軍務中に大けがをしてしまいました。³残念ながら回復することは
> なさそうです。⁴どうか，私のことであまりに嘆き悲しむことのないように。⁵私に代わってメ
> アリーとジョンにキスしてください。⁶お母さん，お父さんに神の恵みがありますように」

Check! 　第6文のように，助動詞mayには【祈願】を表す用法がある。〈May+S+*do* ～
（!）〉で「Sが～しますように」の意味。

語句

provide	動	用意する，提供する	**duty**	名	任務，職務
carefully	副	注意深く	**afraid**	形	恐れて
write down ～	熟	～を書き留める	▶ **I'm afraid that …**		
be able to *do*	熟	～することができる		構	あいにく［残念なことに］…
badly	副	ひどく	**recover**	動	回復する
hurt	動	傷つける，けがをさせる	**grieve**	動	嘆き悲しむ
＊活用：hurt-hurt-hurt			**too**	副	あまりにも
while	接	…している間に	**May …**	助	…しますように
			bless	動	恵みをもたらす

第4段落　文の構造と語句のチェック

The soldier was too weak to continue, so Lincoln signed the letter（for him）and
　　 S　　 V　　　　 C　　　　　　　　等接　 S　　 V　　　 O　　　　　　　　 等接

　　　　┌─ This letter is 省略
②　　　↓
added, "Written（for your son）（by Abraham Lincoln）."
 V　　　 V

> **訳** 兵士はそれ以上続けられないほど弱っていたので，リンカーンは彼に代わって手紙に署
> 名し，「エイブラハム＝リンカーンがあなたの息子さんの代筆をしました」と書き足した。

語句

continue	動	続ける	**sign**	動	署名する
			add	動	加える，付け足す

[訳] ¹その若者は手紙を見たいと言い, 誰が書いたのかに気づいたとき驚いた。²「あなたは本当に大統領なのですか」と彼はたずねた。
³「そうです」とリンカーンは静かに答えた。⁴そして,他にしてやれることはないかとたずねた。
⁵「私の手を握っていていただけませんか」と兵士は頼んだ。⁶「最後まで看取ってくださると助かります」

Check! 第1文の who は関係代名詞ではなく疑問詞。「誰が…か」の意味を表し, 名詞節を導く。

語句

note	名	短い手紙	quietly	副	静かに
astonish	動	驚かせる, 仰天させる	else	副	その他に
discover	動	発見する, 悟る	hold	動	握る
reply	動	答える	help	動	役立つ, 助けとなる
			see ~ through	熟	~を最後まで見る

第6段落　文の構造と語句のチェック

hand(s) 省略

(In the hushed room), the tall President took the boy's hand (in his) and spoke
　　　　　　　　　　　S　　　　　　　　①V　　　　　O　　　　　　　　等接　②V

warm words of encouragement (until death came).
O　　　　　　　　　　　　従接　S　　V

> **訳** 静かな部屋の中で, 背の高い大統領は若者の手を自分の手の中に取り, 死の時まで温かい励ましの言葉をかけた。

語句

hushed	形 静かな	encouragement	名 励まし
warm	形 温かい	until	接 …まで

文法事項の整理 ③　too ～ to *do*

第4段落の too ～ to *do* についてみてみよう

The soldier was **too** weak **to** continue, so Lincoln signed the letter for him and added, "Written for your son by Abraham Lincoln."

　この文は「(話を)続けるには弱りすぎていた」「あまりにも弱っていて(話を)続けられなかった」という意味である。

■**too＋形容詞[副詞]＋to *do***

「…するには～すぎる, あまりにも～すぎて…できない」

> **例**　His offer is too good to be true.
> 　　「彼の申し出は話がうますぎて本当とは思えない」

※不定詞の意味上の目的語が主節の主語と同じ場合は省略する。

> **例**　This box is too heavy to lift.
> 　　「この箱は重すぎて持ち上げられない」
> 　　*cf.* This box is so heavy that I cannot lift it.　　　(it ＝ this box)

語句リストの復習

次の和訳と対応する英語の語句を，ヒントを参考にして書き，空欄を完成させよう。

- 20点 → パーフェクト！語彙力が武器になります！ ● 16〜19点 → その調子！着実に身についてます。
- 12〜15点 → もう一度取り組むと安心です。 ● 11点以下 → 要復習！声に出して読むと覚えやすい。

/ **20**点

①	v	動	訪れる
②	s	名	兵士
③	o	副	一度，あるとき
④	d	名	死
⑤	o	副	明らかに
⑥	e	名	努力
⑦	w	動	ささやく，小声で話す
⑧	p	動	用意する，提供する
⑨	h	動	傷つける，けがをさせる
⑩	d	名	任務，職務
⑪	r	動	回復する
⑫	b	動	恵みをもたらす
⑬	c	動	続ける
⑭	s	動	署名する
⑮	a	動	加える，付け足す
⑯	a	動	驚かせる，仰天させる
⑰	r	動	答える
⑱	q	副	静かに
⑲	h	動	握る
⑳	w	形	温かい

答 ① visit ② soldier ③ once ④ death ⑤ obviously ⑥ effort ⑦ whisper ⑧ provide ⑨ hurt
⑩ duty ⑪ recover ⑫ bless ⑬ continue ⑭ sign ⑮ add ⑯ astonish ⑰ reply ⑱ quietly
⑲ hold ⑳ warm

ディクテーションしてみよう！　🔊 10-15

今回学習した英文に出てきた単語を，音声を聞いて ☐☐☐ に書き取ろう。

President Abraham Lincoln often **❶** v☐☐☐☐☐☐ hospitals to talk with wounded soldiers during the Civil War. **❷** O☐☐☐ , doctors pointed out a young soldier who was near death and Lincoln went over to his bedside.

"Is there anything I can do for you?" asked the President.

The soldier **❸** o☐☐☐☐☐☐☐☐ didn't recognize Lincoln, and with some effort he was able to whisper, "Would you please write a letter to my mother?"

A pen and paper were **❹** p☐☐☐☐☐☐☐ and the President carefully began writing down what the young man was able to say :

"My dearest mother, I was badly hurt while doing my duty. I'm afraid I'm not going to recover. Don't grieve too much for me, please. Kiss Mary and John for me. May God bless you and father."

The soldier was too weak to **❺** c☐☐☐☐☐☐☐ , so Lincoln signed the letter for him and added, "Written for your son by Abraham Lincoln."

The young man asked to see the note and was astonished when he discovered who had written it. "Are you really the President?" he asked.

"Yes, I am," Lincoln **❻** r☐☐☐☐☐ quietly. Then he asked if there was anything else he could do.

"Would you please hold my hand?" the soldier asked. "It will help to see me through to the end."

In the hushed room, the tall President took the boy's hand in his and spoke **❼** w☐☐☐ words of encouragement until death came.

答 **❶** visited　**❷** Once　**❸** obviously　**❹** provided　**❺** continue　**❻** replied　**❼** warm

4 解答・解説

問題は別冊 p.10

解 答

問1	④	問2	is not so in the major cities
問3	②	問4	③
問5	Some people give work-related reasons		

解 説

問1

① 第1段落第1文と不一致。そのような都市が複数あると書かれている。

② 第2段落第1文と不一致。タクシー会社は最も強く反対しているとある。

③ 第3段落第2, 3文と不一致。電車の終夜運行がないおかげで, お酒を飲む人々が早めに帰宅し, 翌朝も起きることができるのである。

④ 第4段落第2文と一致。

問2

まず, あとの such as に注目する。*A such as B* / *such A as B* で「B のような A」の意味を表す (B は A の具体例)。そこで, B にあたる「大阪や東京」から, 最後に the major cities「大都市」を置けばよいことがわかる。そして, 前置詞 in はこの前に置けばよいだろう。

また, 前の部分が why this となっており, **why の節の中には完全な文がくる**ので, this (=S) に続けて is not (=V) を置き, so「そのような」を続ける。this is not so「これがそうではない (=電車や地下鉄が24時間運行していない)」となる。

問3

claim は「主張する」または「要求する」という意味で, 日本語の「クレームをつける」からイメージされるような意味はない。日本語の「クレームをつける (≒文句を言う)」は complain である。各選択肢の意味は①「決定する」, ②「主張する」, ③「疑問に思う, 驚く」, ④「文句を言う」。

問4

the passengers tend to want to go much greater distances, which is very good for the profits of the taxi companies

40

　前半の意味は「乗客は長距離を乗って行きたがる傾向がある」。**tend to *do***
は「〜する傾向がある」の意味。後半の〈**, which**〉は関係代名詞の非制限用法（49
ページ参照）。which のあとが is なので，複数形 distances ではなく，前の主
節全体を指すと考えられる。そして，profit は「利益」なので，下線部全体の意
味としては，「乗客は長距離を乗って行きたがる傾向があり，そのことはタクシ
ー会社の利益にとってとても好都合である」となる。

問5

　選択肢に reasons があり，あとに why があるので，**reasons が先行詞，why
が関係副詞でつながる**と考える。work-related「仕事に関連した」は形容詞で
名詞を修飾する。直後の文の内容から people ではなく reasons の前が適切。
Some people（＝S）give（＝V）work-related reasons（＝O）となる。

それでは次に，段落ごとに詳しくみていこう。　🔊 16

第1段落　文の構造と語句のチェック

¹There are several cities (in the world) 〔 where bus, commuter train service
and subways operate (24 hours a day)〕. ²Quite a few people 〔 in Japan 〕 wonder
〈 why this is not so (in the major cities 〔 such as Osaka and Tokyo 〕)〉.
³Some people claim 〈 24-hour train service would generally make life easier (all
around)〉 but many people oppose the idea.

> **訳** ¹世界には，バスや通勤電車の便，また地下鉄が24時間運行している都市がいくつかあ
> る。²日本のかなり多数の人々は，大阪や東京のような大都市において，なぜそのようになっ
> ていないのか疑問に思っている。³電車の24時間運行は概して，あらゆる点で生活を楽にし
> てくれると主張する人々もいるが，多くの人々はその考えに反対である。

several	形	いくつかの		major	形	大きな, 主要な
commuter	形	通勤(者)の		such as 〜	熟	(例えば)〜のような
service	名	(バス・電車などの)便,		claim	動	主張する
		運行業務		generally	副	一般的に, 概して
subway	名	地下鉄		easy	形	(暮らしなどが)楽な, 安楽な
operate	動	機能する, 営業する, 活動する				＊比較変化：easy-easier-easiest
quite a few	熟	かなり多数の		all around	熟	あらゆる点で, 全体的に
wonder	動	疑問に思う, 不思議に思う		oppose	動	反対する
				idea	名	考え

第2段落　文の構造と語句のチェック

[1]Probably <u>the strongest opposition</u> [to 24-hour train service] <u>comes</u> (from the
　　　　　　　　S　　　　　　　　　　　　　　　　　　　　　　　　　　V

operators [of taxi companies]).[2](Late at night), <u>taxi fares</u> ①<u>include</u> <u>a surcharge</u>
　　　　　　　　　　　　　　　　　　　　　　　　　　　　　S　　　　V　　　　　O

<u>and</u> ②<u>the passengers</u> <u>tend to want to go</u> (much greater distances), <u>which</u> <u>is</u>
等接　　　S　　　　　　　　　V　　　　　　　　　　　　　　　　　　　　　　　　関代　　V

<u>very good</u> (for the profits [of the taxi companies]).
　　C

> 訳 [1]おそらく, 電車の24時間運行に対する最も強い反発は, タクシー会社の経営者から寄せられるものである。[2]夜遅い時間は, タクシーの運賃に追加料金が含まれ, 乗客は (昼より) ずっと長い距離を乗りたがる傾向がある。それはタクシー会社の利益にとって非常に好ましいことである。

語 句

probably	副	たぶん, おそらく		operator	名	経営者, 事業主
strong	形	強い		taxi	名	タクシー
		＊比較変化：strong-stronger-strongest		company	名	会社
opposition	名	反対, 反発		late	副	遅く
come from 〜	熟	〜から来る, 生じる		at night	熟	夜の [に], 夜間の [に]
				fare	名	運賃

include	動 含む	**great**	形	（数量的に）大きな,
surcharge	名 追加料金			著しく多い［高い, 長い］
passenger	名 乗客		＊比較変化：great-greater-greatest	
tend to *do*	熟 ～する傾向がある	**distance**	名 距離	
want to *do*	熟 ～したがる, ～したい	**profit**	名 利益, もうけ	
much	副 （比較級を強調して）ずっと,			
	はるかに			

第3段落　文の構造と語句のチェック

¹Another thing 〔 working against continuous train service 〕 is the fact 〈 that
　S　　　　　　　　　　　　　　　　　　　　　　　　　　　V　　C　　従接（同格）

①
Japanese office workers like to drink (after work) and they like to drink (a lot and
　　　　　S　　　　　　　V　　　　　　　　　　　　　等接　S　　　V　　　　　　　　等接

　　　　　　　　　　　　　　　　┌── 関副 why 省略
often)〉. ²One of the reasons 〔 train services stop (so early at night)〕 is (so that
　　　　　　S　　　　　　　　　　S　　　　　　V　　　　　　　　　　　　　V　　従接

①
office workers will be forced to leave the bars and catch the last train home (at
　S　　　　　　　V　　　　　　　　　　O　　等接　V　　　　　O　　　　　　　　

②

night)). ³Then they will be able to get up (to go to work)(the next morning).
　　　　　　　　S　　V

訳 ¹絶え間ない電車の運行に対し不利に働くもう1つの事柄は, 日本の会社員が仕事のあと, お酒を飲むのが好きであり, しかも, たくさんのお酒を頻繁に飲むのが好きであるという事実だ。²電車の運行が夜のそれほど早い時間に終了する理由の1つは, 会社員が酒場から出て, 夜間に家に帰る最終の電車に乗らざるを得ないようにさせるためなのだ。³そうすれば彼らは翌朝, 仕事に行くために起床することができるだろう。

Check! 　第1文の that は同格の接続詞で, that が導く節が直前の名詞 the fact の具体的内容を説明している。

<table>
<tr><td>語 句</td><td></td><td></td><td>reason</td><td>名</td><td>理由</td></tr>
<tr><td>another</td><td>形</td><td>もう1つの, 他の</td><td>stop</td><td>動</td><td>終了する, 停止する</td></tr>
<tr><td>thing</td><td>名</td><td>事柄, 物事</td><td>so that ...</td><td>接</td><td>…するために, できるように</td></tr>
<tr><td>work against ～</td><td>熟</td><td>～に不利に働く</td><td>be forced to do</td><td>熟</td><td>～せざるを得ない</td></tr>
<tr><td>continuous</td><td>形</td><td>絶え間ない, 連続した</td><td>leave</td><td>動</td><td>去る, 出発する</td></tr>
<tr><td>fact</td><td>名</td><td>事実</td><td>bar</td><td>名</td><td>バー, 酒場</td></tr>
<tr><td>office worker</td><td>名</td><td>会社員</td><td>catch</td><td>動</td><td>(電車・バスなどに)間に合う</td></tr>
<tr><td>like to do</td><td>熟</td><td>～するのが好きだ</td><td>then</td><td>副</td><td>それなら, そうすると</td></tr>
<tr><td>drink</td><td>動</td><td>酒を飲む</td><td>be able to do</td><td>熟</td><td>～できる</td></tr>
<tr><td>a lot</td><td>熟</td><td>大いに, たくさん</td><td>get up</td><td>熟</td><td>起きる, 起床する</td></tr>
<tr><td>often</td><td>副</td><td>しばしば, 頻繁に</td><td>go to work</td><td>熟</td><td>仕事に行く, 出勤する</td></tr>
</table>

第4段落 文の構造と語句のチェック

訳 ¹電車が日本で終夜運行しないことに対する, 仕事に関連した理由を挙げる人もいる。²もし電車が一晩中走っていたら, 仕事熱心な人が, 夜あまりにも遅い時間まで机に向かってとどまったり, 朝あまりにも早い時間に到着して仕事を再開したりするであろう, と主張する人もいる。

Check! 第2文のif以下は「仮定法過去」のパターン。仮定法では現在のことを過去形で表す。〈if＋S'＋動詞の過去形 ～, S＋助動詞の過去形＋do …〉で「(今) S'が～すれば, Sは…するだろう」の意味。

44

語句

give	動	（例などを）挙げる, 示す
related	形	関係のある, 関連した
▶ ~-related		～に関連した
all night	熟	一晩中
dedicated	形	熱心な
worker	名	労働者
stay	動	とどまる,（ずっと）いる
desk	名	机
too	副	～すぎる, あまりにも～
arrive	動	到着する
early	副	早く
again	副	再び, また

第5段落　文の構造と語句のチェック

is［may be］省略

(Whatever the reason), there is a late-night rush hour (in Japan)(as people
関代　　　S　　　　　　V　　　　　S　　　　　　　　　従接　S

従接 that 省略

try to get home (so they can join the early-morning rush hour again (the next
V　　　　　　　S　　V　　　　　O

day))).

訳 理由が何であれ, 日本には夜遅くのラッシュアワーがある。それは, 人々が翌日再び, 早朝のラッシュアワーに加わるために帰宅しようとするからなのだ。

Check! whatever は複合関係代名詞（※関係詞のあとに -ever がついたものを複合関係詞と呼ぶ）。whatever は名詞節を導くと「…するもの［こと］は何でも」, 副詞節を導くと「たとえ何が［を］…でも」の意味。ここでは副詞節で, 主語の the reason のあとに is［may be］が省略されている。

語句

whatever	関	たとえ何が…でも
late-night	形	深夜の, 夜遅くの
rush hour	名	ラッシュアワー
try to *do*	熟	～しようとする
get	動	着く, 到着する
join	動	加わる, 参加する
early-morning	形	早朝の
the next day	熟	翌日

文法事項の整理 ④ 関係副詞

第1段落第1文の関係副詞についてみてみよう

There are several cities in the world **where** bus, commuter train service and subways operate 24 hours a day.

　関係副詞は，**when**，**where**，**why**，**how** の4つと，それらの代用として使われる that がある。使い分けは以下のとおり。

先行詞	関係副詞	省略，その他
【時】を表す名詞	**when**	・先行詞が (the) time の場合，先行詞・関係副詞のいずれかを省略可能 ・非制限用法あり ▶〈, when ...〉で「そしてそのとき…」などと訳す
【場所】を表す名詞	**where**	・先行詞が (the) place の場合，先行詞・関係副詞のいずれかを省略可能 ・非制限用法あり ▶〈, where ...〉で「そしてそこで…」などと訳す
【理由】(reason)	**why**	・先行詞が (the) reason の場合，先行詞・関係副詞のいずれかを省略可能 ・非制限用法なし
【方法】(way)	**how**	・(the) way how ... のパターンは現代英語にはない ・先行詞・関係副詞のいずれかを必ず省略 ・非制限用法なし

▶第1段落第1文の where は関係副詞。先行詞は the world ではなく several cities（意味的にそう解釈しないと不自然）。
▶第1段落第2文の why は関係副詞ではなく疑問詞（「なぜ…か」）。wonder や ask などの動詞のあとに置かれているときは疑問詞と考えてよい。
▶第3段落第2文の reasons のあとには関係副詞 why が省略されている。
▶第4段落第1文の why は関係副詞。先行詞は work-related reasons。

文法事項の整理 ⑤　関係代名詞の非制限用法

第 2 段落第 2 文の関係代名詞の非制限用法についてみてみよう

Late at night, taxi fares include a surcharge and the passengers tend to want to go much greater distances, **which** is very good for the profits of the taxi companies.

　関係代名詞は，普通は前の名詞（先行詞）を修飾するので，和訳するときも後ろから訳す。

例　He has two sons who live in Nagoya.
　　　「彼には名古屋に住んでいる 2 人の息子がいる」

これを，「**制限用法**」という。

　これに対して，〈,（コンマ）＋関係代名詞〉の形では先行詞について補足説明をすることができる。**和訳するときは，前から訳す。**

例　He has two sons, who live in Nagoya.
　　　「彼には 2 人の息子がいて，その 2 人は名古屋に住んでいる」

これを，「**非制限用法**」という。

■ 〈,（コンマ）＋which〉は前の名詞だけでなく，**主節（の一部）を指すこと
ができる。**

例　I tried to solve the problem, which was really difficult.
　　　「私はその問題を解こうとした。それは本当に難しかった」
　　▶ which は the problem を指す。

例　I tried to solve the problem, which I found impossible.
　　　「私はその問題を解こうとしたが，それが無理だとわかった」
　　▶ which は to solve the problem を指す。

例　I tried to solve the problem, which surprised our teacher.
　　　「私はその問題を解こうとしたが，そのことで先生はびっくりした」
　　▶ which は I tried to solve the problem という主節全体を指す。

語句リストの復習

次の和訳と対応する英語の語句を，ヒントを参考にして書き，空欄を完成させよう。

- ● 20 点 → パーフェクト！語彙力が武器になります！　● 16〜19 点 → その調子！着実に身についてます。
- ● 12〜15 点 → もう一度取り組むと安心です。　　　　● 11 点以下 → 要復習！声に出して読むと覚えやすい。

/ 20点

①	s	形	いくつかの
②	s	名	地下鉄
③	o	動	機能する，営業する，活動する
④	q ____ a few	熟	かなり多数の
⑤	c	動	主張する
⑥	g	副	一般的に，概して
⑦	o	動	反対する
⑧	s	形	強い
⑨	f	名	運賃
⑩	i	動	含む
⑪	p	名	乗客
⑫	p	名	利益，もうけ
⑬	f	名	事実
⑭	o	副	しばしば，頻繁に
⑮	be f ____ to *do*	熟	〜せざるを得ない
⑯	c	動	(電車・バスなどに) 間に合う
⑰	go to w	熟	仕事に行く，出勤する
⑱	d	形	熱心な
⑲	a	動	到着する
⑳	w	関	たとえ何が…でも

答 ① several ② subway ③ operate ④ quite ⑤ claim ⑥ generally ⑦ oppose ⑧ strong ⑨ fare ⑩ include ⑪ passenger ⑫ profit ⑬ fact ⑭ often ⑮ forced ⑯ catch ⑰ work ⑱ dedicated ⑲ arrive ⑳ whatever

ディクテーションしてみよう！ 🔊 17-21

今回学習した英文に出てきた単語を，音声を聞いて □□□ に書き取ろう。

There are several cities in the world where bus, commuter train service and ❶ s □□□□□□ operate 24 hours a day. ❷ Q □□□□ a few people in Japan wonder why this is not so in the major cities such as Osaka and Tokyo. Some people ❸ c □□□□ 24-hour train service would generally make life easier all around but many people ❹ o □□□□□ the idea.

Probably the strongest opposition to 24-hour train service comes from the operators of taxi companies. Late at night, taxi fares ❺ i □□□□□□ a surcharge and the passengers tend to want to go much greater distances, which is very good for the ❻ p □□□□□□ of the taxi companies.

Another thing working against continuous train service is the ❼ f □□□ that Japanese office workers like to drink after work and they like to drink a lot and often. One of the reasons train services stop so early at night is so that office workers will be ❽ f □□□□□ to leave the bars and catch the last train home at night. Then they will be able to get up to go to work the next morning.

Some people give work-related reasons why trains do not run all night in Japan. Some claim that if the trains ran all night, ❾ d □□□□□□□□ workers would stay at their desks too late at night or would ❿ a □□□□□ too early in the morning and start working again.

Whatever the reason, there is a late-night rush hour in Japan as people try to get home so they can join the early-morning rush hour again the next day.

答 ❶ subways ❷ Quite ❸ claim ❹ oppose ❺ include ❻ profits ❼ fact ❽ forced ❾ dedicated ❿ arrive

5 解答・解説

解 答

問1	③	問2	④	問3	④	問4	②	問5	①

解 説

問1

「第1段落で，アメリカの親が子どもに『毎日がこどもの日だからだよ』と述べる最も適切な理由はどれか」

① 「子どもは毎日親から解放されているから」

　☑ (be) on holiday from 〜「〜から逃れて，〜から解放されて」

② 「子どもは毎日自由に学校に行けるから」

③ **「子どもは毎日望むことは何でもするから」**

④ 「子どもは毎日親から贈り物をもらうから」

　第1段落最終文（They secretly think that every day is Adult's Day since adults seem to be able to pretty much do whatever they want, …「彼ら（＝子どもたち）は，大人は自分の望むことはほとんど何でもできるように思われるため毎日が大人の日だとひそかに思っている（が，…」）から判断する。「○○の日」＝「○○が何でも望むことをできる日」という意味でとらえられていることを押さえる。

問2

「第1段落で，筆者によると，子どもは親の答えに対してどのように反応するか」

① 「親はけっして嘘をつかないので，受け入れる」

② 「まったく問題なく受け入れる」

　☑ completely「まったく，完全に」

③ 「受け入れず，さらに理由を求める」

　☑ ask for 〜「〜を求める，要求する」

④ **「おそらく気に入らないが，受け入れる」**

　☑ probably「たぶん，おそらく」

　第1段落最終文で，They secretly think … の部分には子どもの不満や不信感が表れており，but 以下から仕方なく受け入れていることがわかる。

問3

「第3段落で，"pretty" に最も意味が近いのは以下の単語のうちどれか」

① 「美しい」

② 「完全に」

③ 「まったく〜ない」

④ **「かなり」**

　pretty は形容詞で用いると「かわいい，美しい」，副詞で用いると「かなり」の意味。下線部の pretty は直後の形容詞 obvious を修飾しているので副詞の用法。なお，直前文の pretty は形容詞。

問4

「第3段落で，レジ係が筆者に贈り物を包装してもらいたいかと尋ねた時，筆者はレジ係に『イイデス』と答えた。筆者はその代わりに何と言うべきだったのか」

① 「ケッコウデス」

② **「オネガイシマス」**

③ 「サヨナラ」

④ 「シツレイシマシタ」

　第3段落第6〜最終文の内容から判断すると，「イイデス（＝不要です）」が包装を拒否する意味に解釈されたことが問題だったことがわかる。実際，筆者は包装してもらいたかったのだから，「包装しましょうか」というレジ係の申し出を受け入れる表現として「オネガイシマス」と言うべきだったと判断できる。

問5

「第2段落で，筆者は自分が『笑い者』だと言っている。なぜそのようなことを言うのか」

① **「筆者は自分が日本語を正しく使えないと思っているから」**

② 「筆者はデパートで買い物をするのが嫌いだから」

③ 「筆者は永遠に子どもでいることが良いと思っているから」

④ 「筆者は毎日がエープリルフールであってほしいと思っているから」

　第3段落で述べられている筆者の体験は，誤った日本語を使っていたことに気づき，恥ずかしい思いをした話であることから判断する。

第1段落　文の構造と語句のチェック

¹(In Japan), there is a Children's Day. ² But (in America) there is no Children's
　　　　　　　　　V　　　　S　　　　　等接　　　　　　　　　　　　　　V　　　S

Day. ³(When children ask their parents ⟨ why there's a Mother's Day and
　　　　　　従接　　S　　　V　　O₁　　　　O₂　疑　　V　　　S①　　　　　　等接

a Father's Day but no Children's Day ⟩), a typical response is, "⟨ Because every day
　　S　　　　　②等接　　　　S③　　　　　　　S　　　　　　　V　C　従接　　　　S

is Children's Day ⟩." ⁴That doesn't really satisfy children, (of course). ⁵They secretly
V　　　C　　　　　　　　S　　　　　　　　V　　　O　　　　　　　　　　　　　　S

think ⟨ that every day is Adult's Day (since adults seem to be able to pretty much do
V　O 従接　　S　　　V　　C　　従接　　S　　　　　　　V

⟨ whatever they want ⟩⟩), but children just have to accept this response.
O　関代　　S　　V　　　等接　　S　　　　　V　　　　O

訳 ¹日本にはこどもの日がある。²しかしアメリカにはこどもの日はない。³母の日と父の日
があるのにこどもの日がないのはなぜかと子どもが親に尋ねると，典型的な回答は「毎日が
こどもの日だからだよ」である。⁴もちろん，それで子どもが本当に満足するわけではない。
⁵彼らは，大人は自分の望むことはほとんど何でもできるように思われるため毎日が大人の
日だとひそかに思っているが，子どもたちはこの回答を受け入れるしかない。

語句

parent	名 親	**seem to *do***	熟 ～するようだ，～するように思われる
typical	形 典型的な，普通の	**be able to *do***	熟 ～できる
response	名 答え，回答	pretty much	熟 ほとんど，ほぼ
really	副 本当に，実際に	**whatever**	関 …するもの[こと]は何でも
satisfy	動 満足させる		
of course	熟 もちろん	**have to *do***	熟 ～しなければならない
secretly	副 ひそかに，こっそりと	**accept**	動 受け入れる
adult	名 大人		

52

第2段落 文の構造と語句のチェック

[1]I never felt 〈 that every day was Children's Day 〉, but (in Japan) I do feel
S ⎯⎯ V ⎯ O 従接 ⎯⎯⎯ S ⎯⎯ V ⎯⎯⎯ C ⎯⎯⎯ 等接 ⎯⎯⎯⎯⎯ S ⎯ V

〈 that every day is April Fool's Day 〉. [2]And I, unfortunately, am the fool. [3](If I
O 従接 ⎯⎯⎯ S ⎯ V ⎯⎯⎯ C ⎯⎯⎯⎯ 等接 S ⎯⎯⎯⎯⎯⎯ V ⎯ C ⎯⎯ 従接 S

give you an example), you'll see 〈 what I mean 〉.
V ⎯ O₁ ⎯ O₂ ⎯⎯⎯ S ⎯⎯ V ⎯ O 関代 S ⎯ V

> **訳** [1]私は毎日がこどもの日だと感じたことは一度もなかったが, 日本では実際に毎日がエー
> プリルフール(4月ばかの日) だと感じる。[2]そして私は残念ながらその笑い者なのだ。[3]例を
> あげれば, 私の言おうとしていることがわかるだろう。

語 句

feel	動 感じる, 思う	**fool**	名 ばか者, 笑い者
April Fool's Day	名 エープリルフール,	**example**	名 例
	4月ばかの日	**see**	動 わかる, 理解する
unfortunately	副 運悪く, 残念ながら	**mean**	動 意図する, 言おうとする

第3段落 文の構造と語句のチェック

[1](Before my first trip 〔 back home 〕), I went (to a department store) (to do
S ⎯ V

some shopping for presents 〔 for my family and friends 〕). [2]I found
等接 S ⎯ V

some pretty ceramic ware (for the various people 〔 on my list 〕) and brought it
O 等接 ⎯ V ⎯⎯ O

(to the cash register). [3]It was pretty obvious 〈 that the bowls and platters
仮S V ⎯⎯⎯ C ⎯⎯ 真S 従接 ⎯ S ⎯⎯ 等接

were intended (as gifts)〉 and the cashier asked me 〈 if I'd like to have
V 等接 ⎯⎯ S ⎯⎯ V ⎯ O₁ O₂従接 S ⎯ V

the presents wrapped 〉. [4]Yes, indeed I would, I told her. [5]She gave me
O ⎯⎯⎯ C ⎯⎯⎯⎯⎯ O₂ ⎯⎯⎯ S V ⎯ O₁ ⎯ S ⎯ V① ⎯ O₁

a quick smile, <u>put</u> <u>the pottery</u> (in a bag) and <u>held</u> <u>the bag</u> out (to me).
O₂   V②   O   等接   V③   O

従接 that 省略

⁶⟨ <u>Umm ...</u> but <u>I</u> <u>had said</u> ⟨ <u>I</u> <u>wanted</u> <u>it</u> <u>wrapped</u> ⟩⟩, <u>I</u> <u>thought</u> sadly (as <u>I</u>
O   等接 S   V   O S   V   O   C   S   V   従接 S

<u>walked</u> away). ⁷ <u>It was</u> not (for a few more weeks) that <u>I</u> <u>discovered</u> <u>the problem.</u>
V   └─── 強調構文 ─────┘ S   V   O

従接 that 省略

⁸<u>I</u> <u>had said,</u> "<u>Ii desu.</u>" ⁹<u>I</u> <u>thought</u> ⟨ <u>this</u> <u>meant,</u> "<u>That would be nice,</u>" ⟩ but <u>it</u>
S   V   O   S   V   O S   V   O   等接 S

really <u>meant,</u> "<u>No, don't bother.</u>" ¹⁰Whoops!
V   O

訳 ¹初めて母国に帰る旅の前に，私は家族や友人へのお土産を買うためにデパートへ行った。²私は自分のリストに載っている様々な人たちのためにきれいな陶磁器を見つけ，それをレジに持って行った。³そのお椀や大皿が贈り物として意図されたものであることはかなり明らかであり，レジ係はその贈り物を包装してもらいたいかどうかを私に尋ねた。⁴はい，ぜひ，と私は彼女に言った。⁵彼女は私にちらっとほほえみ，陶器を袋に入れ，その袋を私の方へ差し出した。⁶うーん…でも私はそれを包装してほしいと言ったのだが，と歩き去りながら私は悲しく考えていた。⁷問題点に気づくのにさらに数週間かかった。⁸私は「イイデス」と言ったのだ。⁹私はこれが「それはありがたいです」という意味だと思っていたのだが，実際には「いいえ，お気になさらず」の意味だったのだ。¹⁰しまった！

語句

		intend	動 意図する
department store	名 デパート，百貨店	cashier	名 レジ係，精算係
shopping	名 買い物	wrap	動 包装する
pretty	形 きれいな，かわいい／	indeed	副 本当に，実に
	副 かなり，相当	hold out	熟 差し出す
various	形 様々な	sadly	副 悲しそうに，悲しげに
list	名 リスト，一覧表	walk away	熟 歩き去る，立ち去る
cash register	名 レジ	discover	動 発見する，気づく
obvious	形 明らかな，明白な	bother	動 気にする
bowl	名 鉢，椀		

文法事項の整理 ⑥ 形式主語

第3段落第3文の It was ～ that ... についてみてみよう

It was pretty obvious **that** the bowls and platters were intended as gifts and the cashier asked me if I'd like to have the presents wrapped.

It is important to study English.「英語を勉強することは重要だ」のような文で，It は主語の位置にあるが，実際の主語としての内容は to 以下にある。このような It のことを**形式主語[仮主語]**といい，to 以下を真主語という。It は「それ」と訳すのではなく，**to 以下の内容を It に代入して訳す**。上の文では It が形式主語[仮主語]，that ～ gifts が真主語。

■真主語の種類

真主語の部分には，that 節のほか，不定詞，動名詞，whether 節，疑問詞節もくることができる。

例 It is important to know the truth.
　　形式S　　　　　　　真S
　　「真実を知ることが重要だ」

例 It is no use asking him.
　　形式S　　　　真S
　　「彼に聞いてもむだだ」

例 It is doubtful whether he will win or not.
　　形式S　　　　　　真S
　　「彼が勝つかどうかは疑わしい」

例 It is a mystery why he won.
　　形式S　　　　真S
　　「なぜ彼が勝ったのかは謎だ」

文法事項の整理 ⑦　強調構文

第３段落第７文の It was 〜 that ... についてみてみよう

It was not for a few more weeks **that** I discovered the problem.

　これは【強調構文】で，It is 〜 that ... の「〜」の部分を強調する表現である。基本的には「…するのは〜だ」と訳すが，「〜こそ…する，まさに〜が…する」などの訳し方も可。

　例　My brother bought a new car last month.
　　　　　①　　　　　　　　②　　　　　③

（①を強調）　It was my brother that[who] bought a new car last month.
　　　　　　　「先月新車を買ったのは私の兄だ」

（②を強調）　It was a new car that my brother bought last month.
　　　　　　　「私の兄が先月買ったのは新車だ」

（③を強調）　It was last month that my brother bought a new car.
　　　　　　　「私の兄が新車を買ったのは先月だ」

　It is 〜 that ... の形は形式主語構文の場合もあるので，注意しよう。

■ **It is 〜 that ... の識別方法**　（＊It の指示対象が前にない場合）

〜 が形容詞		形式主語構文
〜 が名詞	… が完全な文	
	… が不完全な文	**強調構文**
〜 が副詞		
〜 が〈前置詞＋名詞〉		

　第３段落第７文の It was 〜 that ... は，for a few more weeks という〈前置詞＋名詞〉が挟まっていることから強調構文とわかる。I didn't discover the problem for a few more weeks. 「私はさらに数週間その問題に気づかなかった」を強調構文にしたものと考えられる。

　第３段落第７文を基本の強調構文の訳し方にあてはめると，「私がその問題に気づくのはさらに数週間なかった」という不自然な訳になってしまう（否定文の場合には訳し方をあてはめにくい場合が多い）。そこで，「気づくのにさらに数週間かかった」など訳を工夫する必要がある。

語句リストの復習

次の和訳と対応する英語の語句を，ヒントを参考にして書き，空欄を完成させよう。

- 20点 → パーフェクト！語彙力が武器になります！ ● 16〜19点 → その調子！着実に身についてます。
- 12〜15点 → もう一度取り組むと安心です。 ● 11点以下 → 要復習！声に出して読むと覚えやすい。

/20点

①	p	名	親
②	t	形	典型的な，普通の
③	r	名	答え，回答
④	s	動	満足させる
⑤	s	副	ひそかに，こっそりと
⑥	s ____ to *do*	熟	〜するようだ，〜するように思われる
⑦	a	動	受け入れる
⑧	u	副	運悪く，残念ながら
⑨	f	名	ばか者，笑い者
⑩	e	名	例
⑪	m	動	意図する，言おうとする
⑫	d ____ store	名	デパート，百貨店
⑬	p	形	きれいな，かわいい／副 かなり，相当
⑭	v	形	様々な
⑮	o	形	明らかな，明白な
⑯	i	動	意図する
⑰	c	名	レジ係，精算係
⑱	w	動	包装する
⑲	s	副	悲しそうに，悲しげに
⑳	b	動	気にする

答 ① parent ② typical ③ response ④ satisfy ⑤ secretly ⑥ seem ⑦ accept
⑧ unfortunately ⑨ fool ⑩ example ⑪ mean ⑫ department ⑬ pretty ⑭ various
⑮ obvious ⑯ intend ⑰ cashier ⑱ wrap ⑲ sadly ⑳ bother

57

ディクテーションしてみよう！ 🔊 23-25

今回学習した英文に出てきた単語を，音声を聞いて ☐☐☐ に書き取ろう。

In Japan, there is a Children's Day. But in America there is no Children's Day. When children ask their parents why there's a Mother's Day and a Father's Day but no Children's Day, a **❶** t ⃞⃞⃞⃞⃞⃞⃞⃞ response is, "Because every day is Children's Day." That doesn't really **❷** s ⃞⃞⃞⃞⃞⃞⃞ children, of course. They secretly think that every day is Adult's Day since adults seem to be able to pretty much do whatever they want, but children just have to **❸** a ⃞⃞⃞⃞⃞ this response.

I never felt that every day was Children's Day, but in Japan I do feel that every day is April Fool's Day. And I, **❹** u ⃞⃞⃞⃞⃞⃞⃞⃞⃞⃞⃞⃞, am the fool. If I give you an example, you'll see what I mean.

Before my first trip back home, I went to a department store to do some shopping for presents for my family and friends. I found some pretty ceramic ware for the **❺** v ⃞⃞⃞⃞⃞⃞ people on my list and brought it to the cash register. It was pretty **❻** o ⃞⃞⃞⃞⃞ that the bowls and platters were intended as gifts and the cashier asked me if I'd like to have the presents **❼** w ⃞⃞⃞⃞⃞. Yes, indeed I would, I told her. She gave me a quick smile, put the pottery in a bag and held the bag out to me. Umm ... but I had said I wanted it wrapped, I thought **❽** s ⃞⃞⃞⃞ as I walked away. It was not for a few more weeks that I discovered the problem. I had said, "*Ii desu.*" I thought this meant, "That would be nice," but it really meant, "No, don't **❾** b ⃞⃞⃞⃞⃞." Whoops!

答 **❶** typical **❷** satisfy **❸** accept **❹** unfortunately **❺** various **❻** obvious **❼** wrapped
❽ sadly **❾** bother

6 解答・解説

解答

問1	（ア）②	（イ）④	（ウ）②

問2	(1) ①	(2) ④	(3) ②	(4) ④	問3	②, ⑤

解説

問1

（ア） consider は「考える，考慮する」。①「世話をする」②**「考える」**③「扱う，処理する」④「忘れる」

（イ） completely は「完全に」。①「簡潔に」②「注意深く」③「自由に」④**「完全に」**

（ウ） choose は「選ぶ」。①「(ペンキなどで)塗る，描く」②**「選ぶ」**③「追いかける」④「変える」

問2

(1) 「[　　　]は悲しみの色として述べられている」
　①**「青」**　　②「白」　　③「黄色」　　④「緑」
　▶第3段落第1文参照。

(2) 「[　　　]は人々をより空腹にさせるので，レストランに最もよく使われる色である」
　①「ピンク」　　②「緑」　　③「青」　　④**「赤」**
　▶第2段落第6文参照。

(3) 「黄色は目に[　　　]色であり，私たちを喧嘩したい気持ちにさせる」
　①「落ち着かせる」②**「不快な」**　③「くつろがせる」④「よい」
　▶第5段落第4文参照。

(4) 「緑は病院に[　　　]色と考えられている」
　①「間違った」　②「奇妙な」　③「不愉快な」　④**「適した」**
　▶第4段落第3文参照。

問3

① 「囚人は刑務所の壁がピンク色に塗られているとより攻撃的になった」

▶第5段落第2文と不一致。

② **「人々は赤い部屋の中にいると時間がより速く過ぎると思うかもしれない」**

▶第2段落第5文と一致。

③ 「黒は私たちをリラックスした気分にさせる」

▶黒については本文中に記述がない。なお、第4段落第1文によれば、リラックスさせるのは緑である。

④ 「青はアメリカではお金や嫉妬の色として知られている」

▶第4段落第4文と不一致。お金や嫉妬の色は緑である。

⑤ **「学生は青い部屋にいるとテストでよりよい結果を示す」**

▶第3段落第6文と一致。

▼

それでは次に、段落ごとに詳しくみていこう。　🔊 26

第1段落　文の構造と語句のチェック

¹We live (in a world of color), (always surrounded by it). ²Color gives beauty
S　V　　　　　　　　　　　　　　　　　　　　　　　　　　　　　　　　S　　V　　O

　　　　　　　　　　　　　　　　　　┌──関代 which [that] 省略
(to our lives) ── but that isn't the only thing 〔 it gives 〕.
　　　　　　　　　　等接　S　　V　　C　　　　　　S　V

訳 ¹私たちは色の世界に住んでおり、常に色に囲まれている。²色は私たちの生活に美を与える。しかし、それは色が与える唯一の物ではない。

🖉 第1文 surrounded は過去分詞で、〈付帯状況〉を表す分詞構文。
Check!

🖉 第2文の thing のあとには、目的格の関係代名詞 which [that] が省略されている。
Check!

語句

color	名 色	surround	動 囲む
always	副 いつも、常に	beauty	名 美、美しさ

60

第2段落　文の構造と語句のチェック

¹Consider red. ²(As you know), red is the color 〔 of fire and blood 〕. ³It makes us
　　　　V　　O　　　従接　S　　V　　　　S　V　　　C　　　　　　　　　　　　　　S　V　　O

breathe more quickly and makes our hearts beat faster. ⁴(If people spend a long time
　　　　　C　　　　　等接　　V　　　O　　　　C　　　　　　従接　S　　V　　　O

(in a room 〔 that is completely red 〕)), they may become nervous and even
　　　　　　　　関代　V　　　　C　　　　S　　　V　　　　C

aggressive. ⁵But red is often seen (in bars and casinos)(because it makes time
　　　　　　等接　S　　V　　　　　　　　　　　　　　　　従接　S　V　　O

seen to go faster). ⁶It's also the most popular color (for restaurants)(because it
　　　C　　　　　　　S V　　　　　　C　　　　　　　　　　　　　　従接　　S

makes us hungrier).
　V　　O　　C

> **訳** ¹赤を考えてみなさい。²ご存じのように, 赤は火や血の色である。³それは私たちの呼吸を
> より速くさせ, 心臓の鼓動をより速くさせる。⁴もし人々が完全に赤の部屋で長時間過ごし
> たら, 緊張し, 攻撃的にさえなるかもしれない。⁵しかし赤は時間がより速く過ぎるように思
> わせるので, バーやカジノでよく見られる。⁶また, 赤は私たちをより空腹にさせるので, レ
> ストランで最もよく用いられる色でもある。

語句

consider	動	考える, 考慮する
blood	名	血
breathe	動	呼吸する
quickly	副	速く
heart	名	心臓
beat	動	鼓動する
fast	副	速く
spend	動	過ごす, 費やす
completely	副	完全に
become	動	～になる

nervous	形	神経質な, 緊張して
even	副	～さえ
aggressive	形	攻撃的な
often	副	しばしば, よく
bar	名	バー, 酒場
casino	名	カジノ(公認の賭博場)
also	副	～もまた
popular	形	人気のある, よく用いられる
restaurant	名	レストラン, 食堂
hungry	形	空腹の

＊比較変化：hungry-hungrier-hungriest

¹Blue, (on the other hand), is known (as the color of sadness). ²Think of
S　　　　　　　　　　　　　V　　　　　　　　　　　　　　　　　　　V

Picasso's paintings 〔 of blind and poor people 〕. ³But blue also makes us
　　　　O　　　　　　　　　　　　　　　　　　　　　　等接　S　　　　V　　O

feel peaceful. ⁴So, light blue is the best color (for bedrooms). ⁵One more thing
C　　　　　　　　　S　　　V　　C　　　　　　　　　　　　　　　　S

〔 that blue does 〕 is 〈 improve performance 〉. ⁶Students get higher test scores
関代　S　　V　　V　C（to）　　　　　　　　　　　　S　　　V　　　O

and weightlifters can lift more (in blue rooms).
等接　　S　　　　　V　　O

> 訳 ¹他方, 青は悲しみの色として知られている。²盲目の人々や貧しい人々を描いたピカソの絵画を考えてみなさい。³しかし, 青はまた, 私たちを平和な気持ちにもさせてくれる。⁴だから, 淡い青色は寝室に最もよい色なのだ。⁵青がしてくれるもう1つのことは, 能力を高めることである。⁶青の部屋で, 学生はテストの点数が上がるし, 重量挙げの選手はより重い重量を上げることができる。

Check! 第5文は, One more thing が S, that が目的格の関係代名詞で, that blue does が thing を修飾, is が V, improve performance が C となっている。improve の前には不定詞の to が省略されている。このように C の位置に to 不定詞が来る場合, **V (be 動詞) の直前が do / does / did の時に to が省略される場合がある。**

例　All you have to do is (to) study hard.
　　　S　　　　　　　V　　　　　C
「君は熱心に勉強しさえすればよい」

語句

on the other hand	熟	他方で, 一方で	bedroom	名	寝室
sadness	名	悲しみ	one more ~	熟	もう1つの~
painting	名	絵画	improve	動	改善する, 向上させる
blind	形	目が見えない, 盲目の	performance	名	成績, 出来映え
peaceful	形	平和な	score	名	得点
light	形	(色が)薄い, 淡い	weightlifter	名	重量挙げの選手
			lift	動	持ち上げる

第4段落　文の構造と語句のチェック

¹Green tends to relax us (because it is the color of nature). ²TV talk show
　S　　　V　　　　O　　　従接　S　V　　　　C　　　　　　　　　　　　　　S

guests wait (in "green rooms") (before they appear (on TV)). ³ And green is a
　　　V　　　　　　　　　　　　　従接　S　　V　　　　　　　　　　　　等接　S　V

very popular color (for hospitals). ⁴(In America), green has another important
　　　C　　　　　　　　　　　　　　　　　　　　　　　S　　V　　　　O

meaning － it is the color [of money and envy]!
　　　　　　S　V　　C

> 訳 ¹緑は自然の色なので私たちをリラックスさせる傾向がある。²テレビのトークショーの
> ゲストはテレビに出演する前に「緑の部屋」で待つ。³また，緑は病院でもとてもよく使われ
> る色である。⁴アメリカでは緑はもう1つの重要な意味を持つ。つまり，それはお金や嫉妬の
> 色なのだ。

語句

tend to *do*	熟 ～する傾向がある	**appear**	動 出演する
relax	動 くつろがせる, リラックスさせる	**hospital**	名 病院
nature	名 自然	**another**	形 もう1つの, 別の
talk show	名 トークショー, トーク番組	**important**	形 重要な
guest	名 ゲスト(出演者)	**meaning**	名 意味
		envy	名 嫉妬, ねたみ

第5段落　文の構造と語句のチェック

¹Pink, however, may be the most calming color. ²(In one experiment),
　S　　　　　　V　　　　C

prisoners were less violent (when the jail walls were painted pink). ³(In
　S　　V　　C　　　　従接　　　S　　　　V　　　　C

contrast), yellow would be the worst choice (for a prison). ⁴Yellow annoys
　　　　　　S　　　V　　　C　　　　　　　　　　　　　S　　V

the eyes and makes people want to fight.
　O　等接　V　　O　　　C

¹しかし，ピンク色が最も心を落ち着かせる色かもしれない。²ある実験では，刑務所の壁がピンク色に塗られていると受刑者はそれほど乱暴でなくなった。³対照的に，黄色は刑務所には最悪の選択であろう。⁴黄色は目にうっとうしく，人々を喧嘩したい気持ちにさせる。

語句

however	副	しかし	
calming	形	心を落ち着かせる	
experiment	名	実験	
prisoner	名	囚人，受刑者	
violent	形	暴力的な，乱暴な	
jail	名	刑務所	
wall	名	壁	

paint	動	（ペンキなどで）塗る	
in contrast	熟	対照的に	
worst	形	最悪な	
		＊bad の最上級。比較変化：bad-worse-worst	
choice	名	選択	
prison	名	刑務所	
annoy	動	いらいらさせる	
fight	動	喧嘩をする	

第6段落　文の構造と語句のチェック

So, choose your colors carefully – they do more (for you)(than you may realize).
　　 V 　 O 　　　　　　　 S V O 　　　　　　　　 S 　 V

訳 だから，注意深く色を選びなさい。色は気づいている以上の働きをするのだ。

語句

choose	動	選ぶ	
		＊活用：choose-chose-chosen	

carefully	副	注意深く	
realize	動	気づく，認識する	

文法事項の整理 ⑧ 使役動詞

第2段落第3文の make についてみてみよう

It **makes** us breathe more quickly and **makes** our hearts beat faster.

make, have, let の3つを「使役動詞」という。これらの動詞は、〈**V ＋ O ＋動詞の原形**〉のパターンをとることが共通点である。以下に整理しよう。

① **make O *do*「O に～させる」**

▶ 強制的にさせる、という意味になる。ただし、「物事」がSの場合は、強制の意味はなく、単なる因果関係を表す点に注意。

例　The teacher **made** him go home.

「先生は彼を家に帰らせた」(強制)

That dress **makes** her look fat.

「あのドレスのせいで彼女は太って見える」(因果関係)

② **have O *do*「O に～してもらう」**

▶ 依頼してやってもらう、という意味。ほぼ同じ意味を表す表現として、get O to *do* があり、こちらは説得を伴うことを示す。

例　I **had** him paint my house.

「私は彼に家のペンキ塗りをしてもらった」

(≒I **got** him to paint my house.)

③ **let O *do*「O に～させてやる」**

▶ 許可・放置の意味を表す。

例　She wouldn't **let** me smoke.

「彼女はどうしても私にタバコを吸わせてくれなかった」

本文では、最初に挙げた第2段落第3文以外に3か所、使役動詞の make が用いられている。これらはいずれも「物事」がSで、**【因果関係】**を表している。

■第 2 段落第 3 文

It **makes** us breathe more quickly and **makes** our hearts beat faster.
   V   O   V   O

■第 2 段落第 5 文

But red is often seen in bars and casinos because it **makes** time seem

to go faster.
                                                         V   O

■第 3 段落第 3 文

But blue also **makes** us feel peaceful.
               V   O

■第 5 段落第 4 文

Yellow annoys the eyes and **makes** people want to fight.
                              V   O

語句リストの復習

次の和訳と対応する英語の語句を，ヒントを参考にして書き，空欄を完成させよう。

- 20点 → パーフェクト！語彙力が武器になります！
- 16〜19点 → その調子！着実に身についてます。
- 12〜15点 → もう一度取り組むと安心です。
- 11点以下 → 要復習！声に出して読むと覚えやすい。

①	c		名	色
②	s		動	囲む
③	b		名	美，美しさ
④	b		名	血
⑤	b		動	呼吸する
⑥	b		動	鼓動する
⑦	c		副	完全に
⑧	n		形	神経質な，緊張して
⑨	a		形	攻撃的な
⑩	p		形	人気のある，よく用いられる
⑪	s		名	悲しみ
⑫	b		形	目が見えない，盲目の
⑬	p		形	平和な
⑭	i		動	改善する，向上させる
⑮	m		名	意味
⑯	e		名	嫉妬，ねたみ
⑰	e		名	実験
⑱	v		形	暴力的な，乱暴な
⑲	a		動	いらいらさせる
⑳	r		動	気づく，認識する

20点

答 ① color ② surround ③ beauty ④ blood ⑤ breathe ⑥ beat ⑦ completely ⑧ nervous ⑨ aggressive ⑩ popular ⑪ sadness ⑫ blind ⑬ peaceful ⑭ improve ⑮ meaning ⑯ envy ⑰ experiment ⑱ violent ⑲ annoy ⑳ realize

ディクテーションしてみよう！ 🔊 27-32

今回学習した英文に出てきた単語を，音声を聞いて □□□ に書き取ろう。

We live in a world of color, always surrounded by it. Color gives beauty to our lives — but that isn't the only thing it gives.

Consider red. As you know, red is the color of fire and blood. It makes us ❶ b[_____] more quickly and makes our hearts beat faster. If people spend a long time in a room that is completely red, they may become nervous and even ❷ a[_____]. But red is often seen in bars and casinos because it makes time seem to go faster. It's also the most popular color for restaurants because it makes us hungrier.

Blue, on the other hand, is known as the color of ❸ s[_____]. Think of Picasso's paintings of blind and poor people. But blue also makes us feel peaceful. So, light blue is the best color for bedrooms. One more thing that blue does is ❹ i[_____] performance. Students get higher test scores and weightlifters can lift more in blue rooms.

Green tends to relax us because it is the color of nature. TV talk show guests wait in "green rooms" before they appear on TV. And green is a very popular color for hospitals. In America, green has another important meaning — it is the color of money and ❺ e[_____]!

Pink, however, may be the most calming color. In one ❻ e[_____], prisoners were less violent when the jail walls were painted pink. In contrast, yellow would be the worst choice for a prison. Yellow ❼ a[_____] the eyes and makes people want to fight.

So, choose your colors carefully — they do more for you than you may ❽ r[_____].

答 ❶ breathe ❷ aggressive ❸ sadness ❹ improve ❺ envy ❻ experiment ❼ annoys ❽ realize

7 解答・解説

解 答

問1 eliminate	問2 victims	問3 ③	問4 ②
問5 ③	問6 ①	問7 ②, ⑥	問8 ②

解 説

問1

get rid of ～は「～を取り除く，～を捨てる」の意味で，第3段落第1文の **eliminate** がほぼ同じ意味を表す。

問2

casualties は casualty の複数形で「（事故や戦争などの）犠牲者，被害者」の意味。第1段落最終文及び第2段落第1文の **victims** がほぼ同じ意味を表す。

問3

第1段落第6文の主語である Landmines「地雷」を，第8文 they ⇒第9文 Their ⇒第10文 they が続けて指している点に注目する。they の後の can remain for days, months and years waiting for innocent victims「何日も，何カ月も，何年も，罪のない被害者を待ち構えて残っている可能性がある」ともうまくつながる。よって主語は③ **landmines**「地雷」となる。

問4

Instantly, the landmine exploded, | **（エ）** | pieces of metal up into his body.

（S = the landmine, V = exploded, 副詞 = pieces of metal up into）

この文の構造は，the landmine がS，exploded がV。 explode は自動詞なので，空所の前までで文は完結している。そこで，空所から始まる部分が副詞の働きをしていると考え，**sending** を入れて分詞構文（⇒「文法事項の整理⑨」参照）にする。なお，過去形の sent を入れるとすれば，exploded と並列になるための and が空所の前に必要となる。

問5

operation には「手術」「活動」「運営, 営業」「動作, 作動」「操作」などの意味がある。ここでは, 下線部直前に emergency「緊急」とあることや, 場所が「病院」であること, 下線の後の部分で further medical care「さらなる治療」とあることから,「**手術**」の意味であると考える。

① 「その店は市から営業許可を受けた」
　▶「営業」の意味。
② 「国連の救出活動は地震のすぐ後に始まった」
　▶「活動」の意味。
③ **「父は肩の手術が必要になるだろう」**
　▶「**手術**」の意味。
④ 「ヘリコプターのエンジンの動作は正常だった」
　▶「動作, 作動」の意味。

問6

① **「地雷を除去すること」**
② 「地雷の被害者を支援すること」
③ 「世界平和を達成すること」
④ 「地雷の惨事を報告すること」

　this は原則として直前の文に指示内容がある。ここでは直前文の have worked to eliminate landmines「地雷の除去に取り組んできた」を指すと考えられる。なお, 選択肢①の remove は eliminate とほぼ同じ意味を表す。

　☑remove「撤去する, 除去する」／ disaster「災難, 惨事」

問7

① 「筆者はベトナム戦争での地雷の生存者である」
　▶第2段落第3文と不一致。筆者の義理の兄弟が地雷の生存者である。よって, 誤り。
② **「ポール・マッカートニーは地雷除去の取り組みに貢献してきた歌手である」**
　▶第3段落第1・2文と一致。

③「筆者の義理の兄弟はベトナム戦争中に兵士であった」

▶第2段落第4・5文によれば，筆者の義理の兄弟はベトナム戦争中にジャーナリストとしてアジアに派遣されている。よって，誤り。

④「人が地中に埋められた地雷に近づくと，地雷は即座に爆発する」

▶第1段落第5文参照。人が踏んだ時に爆発するのであって，近づいただけでは爆発しない。よって，誤り。

⑤「筆者の義理の兄弟はサイゴンでの緊急手術の後に亡くなった」

▶第2段落第15〜17文参照。緊急手術の後に回復したとあるので，誤り。

⑥「その地雷の生存者はいまだに痛みに対処する必要がある」

▶The landmine survivor は筆者の義理の兄弟のこと。第2段落第18・19文と一致。

☑ contribute to 〜「〜に貢献する」／ removal「除去，撤去」／ approach「近づく，接近する」

問8

①「戦争のない世界」

②**「地雷の脅威」**

③「戦争生存者を支援する人」

④「大きなリスクを伴う仕事」

　第1段落で数々の兵器の中でも最も残酷なものとして地雷を取り上げ，第2段落では地雷生存者を紹介，第3段落では地雷撤去運動について述べているので，正解は②。

▼

それでは次に，段落ごとに詳しくみていこう。　🔊 33

第1段落　文の構造と語句のチェック

¹(If we truly want to achieve world peace), we have to get rid of weapons of war.
従接 S　　　　　　　V　　　　　　O　　　　　S　　V　　　　　　　　　O

² And the world is full (of weapons — guns, rockets, tanks, landmines). ³What are
等接　　S　　　V C　　　　　　　　　　　　　　　　　　　　　　　　　　　　C　V

landmines? ⁴Landmines are special bombs 〔 which are buried (in the ground)〕.
S   S   V   C   関代   V

⁵They're designed (to explode (when a person steps (on them))). ⁶Landmines
S   V   従接   S   V   S

are one of the cruelest weapons of war. ⁷Why? ⁸ Because they don't discriminate
V   C   従接   S   V
                                                      ①   ②

(between soldiers and civilians). ⁹Their casualties include men and women, adults
                                         S   V   等接   O

and children, young and old. ¹⁰ (Even after wars end), they can remain (for days,
等接   等接   従接   S   V   S   V   ①
              ③

months and years)(waiting for innocent victims).
  ②   等接   ③

訳 ¹もし私たちが心から世界平和を達成したいと思うなら、戦争の兵器を除去しなければならない。²そして世界は銃、ロケット、戦車、地雷といった兵器に満ちている。³地雷とは何だろうか。⁴地雷は地中に埋められる特別な爆弾である。⁵地雷は人が踏んだ時に爆発するよう設計されている。⁶地雷は戦争の兵器の中で最も残酷なものの１つである。⁷なぜだろうか。⁸地雷は兵士と一般市民を区別しないからである。⁹地雷の被害者には男性も女性も、大人も子供も、若い人も年老いた人も含まれる。¹⁰地雷は、戦争が終わった後も、何日も、何カ月も、何年も、罪のない被害者を待ち構えて残っている可能性があるのだ。

語句

truly	副	本当に、心から	
achieve	動	成し遂げる、達成する	
peace	名	平和	
get rid of ～	熟	～を取り除く、～を捨てる	
weapon	名	武器、兵器	
be full of ～	熟	～で満ちて、～でいっぱいで	
gun	名	銃	
tank	名	戦車	
landmine	名	地雷	
bomb	名	爆弾	
bury	動	埋める	
ground	名	地面、土壌	
design	動	設計する	

explode	動	爆発する
step on ～	熟	～を踏む、～を踏みつける
cruel	形	残酷な
discriminate between *A* and *B*	熟	AとBを区別する、AとBの違いが分かる
soldier	名	軍人、兵士
civilian	名	一般市民、民間人
casualty	名	犠牲者、被害者
include	動	含む
innocent	形	罪のない
victim	名	犠牲者、被害者

第2段落　文の構造と語句のチェック

¹Do you know any landmine victims? ²I do. ³My brother-in-law is a landmine survivor. ⁴He's an American journalist. ⁵(Back in the 1960s), he was sent (to Asia)(to report on the Vietnam War). ⁶(One day), he was walking (with a group of American soldiers)(through the jungle). ⁷The soldiers were carrying rifles. ⁸He was carrying his camera and notebook. ⁹(As he was walking), he suddenly stepped (on a landmine [buried in the ground]). ¹⁰Instantly, the landmine exploded, (sending pieces of metal (up into his body)). ¹¹Normally, he would have died instantly. ¹²But , somehow he survived the explosion. ¹³The soldiers quickly called for an army helicopter. ¹⁴The helicopter took him (to a nearby military hospital). ¹⁵(After an emergency operation), he was taken (to Saigon)(for further medical care). ¹⁶Eventually, he was flown (back to New York), where he spent one year (in hospital). ¹⁷(Thanks to his doctors), he slowly recovered. ¹⁸But (even now),(50 years later), he still suffers terrible pain [from his injuries]. ¹⁹(To manage this pain), he swims (an hour each day)(in a swimming pool). ²⁰He's lucky (to be alive)!

73

¹あなたは地雷の犠牲者を誰か知っているだろうか。²私は知っている。³私の義理の兄弟が地雷の生存者である。⁴彼はアメリカ人ジャーナリストである。⁵かつて1960年代に,彼はベトナム戦争について報告するためにアジアに派遣された。⁶ある日彼はアメリカ人兵士の集団とともにジャングルを歩いていた。⁷兵士たちはライフルを携帯していた。⁸彼はカメラとノートを携帯していた。⁹歩いていると,彼は突然地中に埋められた地雷を踏んでしまった。¹⁰即座に地雷は爆発し,彼の体内に金属片を送り込んだ。¹¹ふつうだったら彼は即死しただろう。¹²しかし,彼はどうにか爆発から生き延びたのだ。¹³兵士たちはすぐに軍のヘリコプターに来るよう求めた。¹⁴ヘリコプターは彼を近くの軍病院に運んだ。¹⁵緊急手術の後,彼はさらなる治療を受けるためにサイゴンへ運ばれた。¹⁶最終的に,彼は飛行機でニューヨークまで連れ戻され,そこで1年間入院した。¹⁷医師たちのおかげで彼はゆっくりと回復した。¹⁸しかし,50年たった今でも,彼はまだ負傷によるひどい痛みに苦しんでいる。¹⁹痛みに対処するために,彼は毎日プールで1時間泳ぐ。²⁰彼は生存できて幸運だ!

語句

brother-in-law	名 義理の兄弟	helicopter	名 ヘリコプター
survivor	名 生き残った人,生存者	nearby	形 近くの
journalist	名 ジャーナリスト,報道記者	military	形 軍の,軍用の
report	動 報告[報道]する	emergency	名 緊急(事態)
one day	熟 ある日	operation	名 手術
jungle	名 ジャングル,密林地帯	further	形 それ以上の,さらなる
rifle	名 ライフル(銃)	medical	形 医学の,医療の
instantly	副 即座に,すぐに	▶medical care	熟 医療
piece	名 破片,散乱物	eventually	副 最後に,結局
metal	名 金属	fly	動 飛行機で運ぶ
normally	副 ふつうは,通常は	*活用:fly - flew - flown	
somehow	副 何とかして,どうにかして	thanks to ~	熟 ~のおかげで
survive	動 生き延びる,生き残る	recover	動 回復する
explosion	名 爆発	suffer	動 (痛みなどに)苦しむ
quickly	副 急いで,すぐに	terrible	形 ひどい,過酷な
call for ~	熟 ~を求める,	pain	名 痛み,苦痛
	(電話で)~に来てくれと頼む	injury	名 負傷,けが
army	名 軍隊	manage	動 うまく対処する

第3段落 文の構造と語句のチェック

¹<u>Hundreds of people</u> 〔around the world〕<u>have worked</u>(to eliminate
　　　　S　　　　　　　　　　　　　　　　　　　　V

landmines). ²<u>Famous celebrities</u>〔connected to this movement〕<u>include</u>
　　　　　　　　　S　　　　　　　　　　　　　　　　　　　　　　　　V

Princess Diana of England and pop singer Paul McCartney.
　　　　　　　　　　　　O 等接

訳 ¹世界中で何百人もの人々が地雷の除去に取り組んできた。²この運動に関わった有名人にはイギリスのダイアナ妃やポピュラー音楽歌手のポール・マッカートニーが含まれる。

語句

hundreds of ～	熟 何百もの～	(be) connected to ～	熟 ～と関係［関連］して
eliminate	動 除去する, 取り除く	movement	名 (政治・社会的) 運動
celebrity	名 著名人, 有名人	pop	形 ポピュラー音楽［ポップス］の

文法事項の整理 ⑨　分詞構文

第2段落第10文についてみてみよう

Instantly, the landmine exploded, **sending** pieces of metal up into his body.

　sendingは【付帯状況】の分詞構文で「そして～する」の意味を表す。分詞構文とは分詞（現在分詞, 過去分詞）が副詞の働きをすることである。分詞構文は【時】【理由】【条件】【譲歩】など, 様々な意味を表すことができる。

■分詞構文の表す意味

① 【時】「～するときに」

例 Walking across the street, I met an old friend of mine.
「道を歩いているときに私は旧友に会った」

② 【理由】「～するので」

例 Written in simple English, this book is suitable for beginners.
「易しい英語で書かれているので, この本は初心者に適している」

③ 【条件】「もし～すれば」

例 Born in better days, he could have succeeded.
「もっといい時代に生まれていれば, 彼は成功できたのだが」

④【譲歩】「〜だけれど」

例 Admitting what you say, I can't support you.
「あなたの言うことは認めるが，あなたを支持することはできない」

⑤【付帯状況】「〜しながら」

例 Taking off his hat, he entered the room.
「彼は帽子を脱ぎながら部屋に入った」
▶分詞構文が文の後半（S＋V より後）に出てくる場合は【付帯状況】
を表すことが多い。「〜しながら，〜して，〜したまま，そして〜す
る」などと訳す。

例 He entered the room, taking off his hat.
「彼は帽子を脱ぎながら部屋に入った」
「彼は部屋に入り，そして帽子を脱いだ」

語句リストの復習

次の和訳と対応する英語の語句を，ヒントを参考にして書き，空欄を完成させよう。

/20点

● 20 点 → パーフェクト！ 語彙力が武器になります！　● 16〜19 点 → その調子！ 着実に身についてます。
● 12〜15 点 → もう一度取り組むと安心です。　● 11 点以下 → 要復習！ 声に出して読むと覚えやすい。

①	t	副	本当に，心から
②	a	動	成し遂げる，達成する
③	get r of 〜	熟	〜を取り除く，〜を捨てる
④	w	名	武器，兵器
⑤	l	名	地雷
⑥	b	名	爆弾
⑦	b	動	埋める
⑧	e	動	爆発する
⑨	c	形	残酷な
⑩	i	形	罪のない
⑪	v	名	犠牲者，被害者
⑫	s	名	生き残った人，生存者
⑬	j	名	ジャーナリスト，報道記者
⑭	m	名	金属
⑮	s	副	何とかして，どうにかして
⑯	o	名	手術
⑰	e	副	最後に，結局
⑱	s	動	（痛みなどに）苦しむ
⑲	t	形	ひどい，過酷な
⑳	e	動	除去する，取り除く

答 ① truly　② achieve　③ rid　④ weapon　⑤ landmine　⑥ bomb　⑦ bury　⑧ explode　⑨ cruel
⑩ innocent　⑪ victim　⑫ survivor　⑬ journalist　⑭ metal　⑮ somehow　⑯ operation
⑰ eventually　⑱ suffer　⑲ terrible　⑳ eliminate

ディクテーションしてみよう！　🔊 34-36

今回学習した英文に出てきた単語を, 音声を聞いて □□□ に書き取ろう。

If we truly want to ❶ a⬚⬚⬚⬚⬚⬚⬚ world peace, we have to get rid
of weapons of war. And the world is full of weapons — guns, rockets, tanks,
landmines. What are landmines? Landmines are special ❷ b⬚⬚⬚⬚
which are ❸ b⬚⬚⬚⬚⬚ in the ground. They're designed to
explode when a person steps on them. Landmines are one of the
❹ c⬚⬚⬚⬚⬚⬚⬚ weapons of war. Why? Because they don't
discriminate between soldiers and civilians. Their casualties include men
and women, adults and children, young and old. Even after wars end, they
can remain for days, months and years waiting for innocent
❺ v⬚⬚⬚⬚⬚⬚.

Do you know any landmine victims? I do. My brother-in-law is a landmine
survivor. He's an American journalist. Back in the 1960s, he was sent to
Asia to report on the Vietnam War. One day, he was walking with a group
of American soldiers through the jungle. The soldiers were carrying rifles.
He was carrying his camera and notebook. As he was walking, he suddenly
stepped on a landmine buried in the ground. Instantly, the landmine
exploded, sending pieces of ❻ m⬚⬚⬚⬚⬚ up into his body. Normally, he
would have died instantly. But, somehow he survived the explosion. The
soldiers quickly called for an army helicopter. The helicopter took him to a
nearby military hospital. After an emergency operation, he was taken to
Saigon for further medical care. ❼ E⬚⬚⬚⬚⬚⬚⬚⬚, he was
flown back to New York, where he spent one year in hospital. Thanks to his
doctors, he slowly recovered. But even now, 50 years later, he still suffers
❽ t⬚⬚⬚⬚⬚⬚ pain from his injuries. To manage this pain, he
swims an hour each day in a swimming pool. He's lucky to be alive!

Hundreds of people around the world have worked to

❾ e ☐ ☐ ☐ ☐ ☐ ☐ ☐ landmines. Famous celebrities connected to this movement include Princess Diana of England and pop singer Paul McCartney.

解 答

問1　③	問2　①	問3　②
問4　②	問5　④	問6　②

解 説

問1

①「明るい」　②「暗い」　③**「乾燥して」**　④「湿って」

　第1段落は砂漠の動物が水を得る方法を説明しており，空所（1）は砂の下で雨を待つ動物についての記述。雨が降れば砂から出て水を得るのだから，雨がやんで地面が「乾燥」したら砂の下に戻ると考えられる。

問2

①**「飲む」**　②「食べる」　③「狩りをする」　④「動く，移動する」

　空所の後の because 以下に注目。「食べ物から水分を得るため」とあるので，水自体を飲む必要がないと考えられる。

問3

①「大きな後脚を持つ」　　②**「最大３メートル跳躍する」**

③「他の動物から逃げる」　④「穴の中で眠る」

　this は原則としてすぐ前（直前の文など）に書かれている内容を指す。また，下線の後の when they need to run away from other animals「他の動物から逃げる必要がある時に」と自然につながる内容にするには，②が正解とわかる。

問4

　come alive は「活気づく」の意味。よって，挿入すべき文の意味は**「しかし夜になると砂漠は突然活気づくことがある」**となる。

　ここから，

　1. 直前の部分では「朝」または「昼」のことが書かれている

　2. 直後の部分で，砂漠がどのように活気づくのかを具体化する

　と考える。

　以上により，【ロ】にこの文を入れるのが正しいとわかる。

　1. については，直前の部分に In the day「日中は」とあり，日中と夜の対比

となる（この場合の day は「日」ではなく朝から夕方までの「日中，昼間」の意味。「（特定の）日」につく前置詞は on）。

　2．については，直後の文に「太陽が沈むと動物たちがエサを探し始める」とあり，日中の静けさと夜の活気の対比となる。

問5

① 第3段落第2文より，多くの砂漠の動物たちは視力がよいことがわかる。よって，誤り。

② 第2段落第1文と不一致。

③ この選択肢の内容はトビネズミではなくフェネックギツネについての説明である（第4段落最終文）。

④ 第2段落第2文と一致。なお，この英文の構造については，「文法事項の整理⑩〈等位接続詞〉」参照。

問6

①「危険な状態にある動物たち」　　②**「砂漠の動物たち」**

③「ラクダの生活」　　　　　　　　④「砂漠の天候」

　第1段落第1文が How do animals live in the desert? という疑問の形をとり，以下，これに答える形で記述が続く。ラクダ，トビネズミ，フェネックギツネを例に挙げつつ砂漠の動物たちの生態を説明している。よって，②が正解。

▼

それでは次に，段落ごとに詳しくみていこう。　🔊 37

第1段落　文の構造と語句のチェック

^{1} How do animals live (in the desert)? ^{2} They need water, (of course).
　　疑　(V)　S　　V　　　　　　　　　　　　　S　　V　　O

^{3} Some animals get it (from plants). ^{4} Others wait (under the sand) (for the
　　S　　　　V　O　　　　　　　　　　S　　V

rains). ^{5} (When the land is dry again), they go back (under the sand). ^{6} They
　　　　　　従接　　S　　V　C　　　　　　S　　V　　　　　　　　　　　　　　S

stay there (until the next rain). ⁷And some animals, (like camels), can go
  V   等接   S   V

(for a long time) (between one drink of water and the next one).
                                                  等接

訳 ¹動物はどのように砂漠で暮らしているのだろうか。²動物はもちろん水を必要とする。³水を植物から得る動物もいる。⁴砂の下で雨を待つ動物もいる。⁵地面が再び乾燥すると, 砂の下に戻る。⁶次の雨までそこにとどまる。⁷また, ラクダのように, １度水を飲んでから次に飲むまでの長い間持ちこたえられる動物もいる。

語句

desert	名	砂漠	go back	熟	戻る
of course	熟	もちろん	stay	動	とどまる, ～のままでいる
plant	名	植物	until	前	～まで
wait	動	待つ	like	前	～のように
sand	名	砂	camel	名	ラクダ
land	名	土地, 地面	go	動	(ある期間)続く,持ちこたえる
dry	形	乾燥して	for a long time	熟	長い間, 長時間
			between *A* and *B*	熟	AとBの間に

第2段落　文の構造と語句のチェック

¹Then there are the changes [in temperature], (from very hot to very cold).
           V   S

²(In the day), many animals stay (in cool places [under rocks]) or (in small
                     S   V ①   等接②

holes [in the sand]). ³But (at night) deserts can suddenly come alive. ⁴(When
                   等接   S   V   C   従接

the sun goes down), the animals put their heads (above the sand) and begin to
 S   V   S   V   O   ②   等接 V

look for food.
      O

訳 ¹それから, 非常な暑さから寒さまで, 気温の変化がある。²日中は, 多くの動物は岩の下の涼しい場所あるいは砂の小さな穴の中にいる。³しかし夜になると砂漠は突然活気づくことがある。⁴太陽が沈むと, 動物たちは砂の上に頭を出し, エサを探し始める。

語句

temperature	名	温度, 気温
day	名	日中, 昼間
cool	形	涼しい
rock	名	岩, 岩石
hole	名	穴

suddenly	副	突然
come alive	熟	活気づく, 生き返る
go down	熟	(天体が地平線に)沈む
above	前	～より上に
begin	動	始める
look for ～	熟	～を探す

第3段落 文の構造と語句のチェック

¹The small jerboa lives (in deserts [across the world]). ²Jerboas have big eyes
and , (like many desert animals), they can see (very well)(at night). ³(In the
late evening), they come (out of their holes) and look for food — mostly seeds
and plants. ⁴Jerboas are very well adapted (to life [in the desert]). ⁵Some jerboas
do not need to drink, (because they get water (from their food)). ⁶(In the hot
summer), some jerboas sleep (under the sand)(for two or three months).
⁷Jerboas also live (in cold deserts [like the Gobi]). ⁸Here, they sleep (in their
holes)(in the winter) and stay away (from the snow).

訳 ¹小型のトビネズミは世界中の砂漠に生息している。²トビネズミには大きな目があり, 多くの砂漠の動物と同様, 夜とてもよく目が見える。³夕方遅くにトビネズミは穴から出てきてエサ(主に種や植物)を探す。⁴トビネズミは砂漠の生活にとてもよく適応している。⁵エサから水分を摂るために水を飲む必要がないトビネズミもいる。⁶暑い夏には, 2, 3カ月砂の下で眠るトビネズミもいる。⁷トビネズミはゴビ砂漠のような寒い砂漠にも生息する。⁸ここでは, 冬に穴の中で眠り, 雪を避ける。

across the world	熟	世界中の［に］
eye	名	目
mostly	副	主に, たいていは

seed	名	種, 種子
be adapted to ～	熟	～に適応して
need to *do*	熟	～する必要がある
stay away from ～	熟	～から離れる, ～を避ける

第4段落　文の構造と語句のチェック

¹Jerboas can move (very fast) (across the sand). ²They have huge back legs
　S　　V　　　　　　　　　　　　　　　　　　　S　　V　　　O

and they can jump (up to three meters) (in one move). ³They do this (when
等接　S　　V　　　　　　　　　　　　　　　　　　　　　　S　V　O　　　従接

they need to run away (from other animals) — fennec foxes, for example).
S　　V

⁴(At night), these foxes are also looking for food, and a jerboa is just right (for
　　　　　　　S　　　　　　V　　　　　O　　等接　S　　V　　C

a hungry fennec fox). ⁵(Like jerboas), fennec foxes are well adapted (to the
　　　　　　　　　　　　　　　　　　　　　S　　　　V　　　C

weather 〔in the desert 〕). ⁶(With its very big ears and white coat), the fennec fox
　　　　　　　　　　　　　　　　　　　　①　　　　等接　　②　　　　　　　　S

can stay much cooler (in the hot sun).
V　　　　C

訳　¹トビネズミは砂の上を非常に速く移動することができる。²トビネズミには大きな後脚があり, 一跳びで最大3メートルまで跳躍できる。³これをするのは, たとえばフェネックギツネなど, 他の動物から逃げる必要がある時である。⁴夜間, このキツネもエサを探しており, トビネズミは腹をすかせたフェネックギツネにとってちょうどよいのだ。⁵トビネズミと同様に, フェネックギツネも砂漠の天候によく適応している。⁶とても大きな耳と白い毛を持ったフェネックギツネは, 暑い太陽の下でもずっと涼しく過ごすことができるのだ。

move	動 動く, 移動する／名 動き	
huge	形	巨大な
back	形	後ろの
leg	名	脚
up to ～	熟	(最大)～まで
run away from ～	熟	～から逃げる

other	形	他の
for example	熟	たとえば
be just right for ～	熟	～にふさわしい, ～にちょうどよい
hungry	形	空腹の
weather	名	天気, 天候
coat	名	(動物の)毛

文法事項の整理 ⑩　　等位接続詞

第3段落第2文の and についてみてみよう

Jerboas have big eyes **and**, like many desert animals, they can see very well at night.

　and や or などの接続詞は文法上対等なもの同士（語と語・句と句・節と節・文と文）を結ぶ。このような接続詞を"等位接続詞"と言い, 他に but / so / for / nor / yet がある（※以下, 例文中の点線部分が対等に結ばれている）。

(1) and「～と～；～そして～」

例 She mastered French and English.
「彼女はフランス語と英語を習得した」

例 He is a college student and his brother is a high school student.
「彼は大学生で, 弟は高校生だ」

(2) or「～か～；～あるいは～」

例 Which do you like better, tea or coffee?
「紅茶とコーヒーではどちらのほうが好きですか」

例 You can go there by bike, by bus or on foot.
「そこへは自転車でもバスでも徒歩でも行ける」

(3) but「～だが～；～しかし～」

例 He is a severe but devoted teacher.
「彼は厳しいが熱心な先生だ」

例 He studied hard, but failed in the entrance exam.
「彼は一生懸命に勉強したが, 入学試験に失敗した」

(4) so「～なので～, ～だから～」

例 He studied hard, so he passed the entrance exam.
「彼は一生懸命に勉強した。だから入学試験に合格した」

(5) for「～, というのは［なぜなら］～だからだ」

例 He passed the entrance exam, for he had studied hard.
「彼は入学試験に合格した。というのも一生懸命に勉強したからだ」

(6) nor「～も…ない」

例 He isn't rich, nor has he ever been.
「彼は金持ちではないし, これまで金持ちだったこともない」

※nor の後は倒置が起こり, 疑問文と同じような語順になる。

(7) yet「〜にもかかわらず〜」

例 She is wealthy, yet she is unhappy.
「彼女は裕福にもかかわらず, 不幸だ」

※yet の前に and がつく場合がある。意味は同じ。

等位接続詞が何と何を対等に結んでいるかを見抜くには, 以下の順に考える。
①まず, 等位接続詞の後ろの形をチェック
②次に, 前に同様の形を探す
本文で確認してみよう（数が多いので特に重要なものを取り上げる）。

■**第1段落最終文**

And some animals, like camels, can go for a long time between one drink of water **and** the next one.

▶ 文頭の And は, ここから始まる文全体（some 〜 one）と直前の文全体 (They 〜 rain) を対等に結ぶ。

▶ 文中の and は one drink of water と the next one を対等に結んでいる。なお, between は and とセットで用いることが多く, between *A* and *B* で「*A* と *B* の間に」の意味。

■**第2段落第2文**

In the day, many animals stay in cool places under rocks **or** in small holes in the sand.

▶ or がin cool places under rocks と in small holes in the sand を対等に結んでいる。

■**第3段落第2文**

Jerboas have big eyes **and**, like many desert animals, they can see very well at night.

▶ and の後に like many desert animals が挿入されているのでわかりにくいが, これを除外して考えると, and は Jerboas have big eyes と they can see very well at night を対等に結んでいるとわかる。

■**第3段落最終文**

Here, they sleep in their holes in the winter **and** stay away from the snow.

▶ and が sleep in their holes in the winter と stay away from the snow を対等に結んでいる。

語句リストの復習

次の和訳と対応する英語の語句を，ヒントを参考にして書き，空欄を完成させよう。

● 20点 → パーフェクト！ 語彙力が武器になります！　● 16～19点 → その調子！ 着実に身についてます。
● 12～15点 → もう一度取り組むと安心です。　● 11点以下 → 要復習！ 声に出して読むと覚えやすい。

/20点

①	d	名	砂漠
②	of c	熟	もちろん
③	p	名	植物
④	d	形	乾燥して
⑤	c	名	ラクダ
⑥	t	名	温度，気温
⑦	h	名	穴
⑧	come a	熟	活気づく，生き返る
⑨	go d	熟	（天体が地平線に）沈む
⑩	l for ～	熟	～を探す
⑪	a the world	熟	世界中の［に］
⑫	e	名	目
⑬	m	副	主に，たいていは
⑭	s	名	種，種子
⑮	be a to ～	熟	～に適応して
⑯	stay a from ～	熟	～から離れる，～を避ける
⑰	m	動	動く，移動する／名　動き
⑱	run a from ～	熟	～から逃げる
⑲	h	形	空腹の
⑳	w	名	天気，天候

答 ① desert　② course　③ plant　④ dry　⑤ camel　⑥ temperature　⑦ hole　⑧ alive　⑨ down　⑩ look　⑪ across［around］　⑫ eye　⑬ mostly　⑭ seed　⑮ adapted　⑯ away　⑰ move　⑱ away　⑲ hungry　⑳ weather

ディクテーションしてみよう！ 🔊 38-41

今回学習した英文に出てきた単語を，音声を聞いて ▢▢▢ に書き取ろう。

How do animals live in the desert? They need water, of ❶ c▢▢▢▢▢▢.
Some animals get it from plants. Others wait under the sand for the rains.
When the land is ❷ d▢▢ again, they go back under the sand. They stay
there until the next rain. And some animals, like camels, can go for a long
time between one drink of water and the next one.

Then there are the changes in ❸ t▢▢▢▢▢▢▢▢▢▢, from very
hot to very cold. In the day, many animals stay in cool places under rocks or in
small holes in the sand. But at night deserts can suddenly come
❹ a▢▢▢▢. When the sun goes down, the animals put their heads above
the sand and begin to look for food.

The small jerboa lives in deserts across the world. Jerboas have big
❺ e▢▢▢ and, like many desert animals, they can see very well at night.
In the late evening, they come out of their holes and look for food — mostly
❻ s▢▢▢▢ and plants. Jerboas are very well adapted to life in the
desert. Some jerboas do not need to drink, because they get water from their
food. In the hot summer, some jerboas sleep under the sand for two or three
months. Jerboas also live in cold deserts like the Gobi. Here, they sleep in their
holes in the winter and stay ❼ a▢▢▢ from the snow.

Jerboas can move very fast across the sand. They have huge back legs and
they can jump up to three meters in one move. They do this when they need to run
❽ a▢▢▢ from other animals — fennec foxes, for example. At night, these
foxes are also looking for food, and a jerboa is just right for a
❾ h▢▢▢▢▢ fennec fox. Like jerboas, fennec foxes are well adapted to
the ❿ w▢▢▢▢▢▢ in the desert. With its very big ears and white coat,
the fennec fox can stay much cooler in the hot sun.

答 ❶ course ❷ dry ❸ temperature ❹ alive ❺ eyes ❻ seeds ❼ away ❽ away ❾ hungry
❿ weather

88

解 答

問	⑤	⑥	⑦	⑨	⑮

解 説

問

① 「マクドナルドは全世界でセブン&アイ・ホールディングスよりも多くの店舗がある」

▶第1段落第3文にセブン&アイ・ホールディングスが世界に最も多くの店舗を持つと書かれているので誤り。なお, worldwide は「世界中で」の意味の副詞。

② 「セブン&アイ・ホールディングスはアメリカ人によって所有されており, 日本で長い歴史を持つ」

▶第1段落第4文にセブン&アイ・ホールディングスは日本の会社であると書かれており, 第5段落第2文にもアメリカの親会社を日本の会社が買収したとあるので, 誤り。

③ 「ジョン・グリーンとジョー・トンプソンはサウスランド・アイスカンパニーの経営者であった」

▶第2段落第2文によればジョン・グリーンはサウスランド・アイスカンパニーの前で店を開いた人物なので, 誤り。

④ 「ジョン・グリーンの店はその地域に他の店がなかったため人気であった」

▶第2段落第3文に近隣の他の店より成功していたと書かれているので, 地域に他の店があったことになる。よって誤り。

⑤ 「ジョン・グリーンの店は近隣の他の店より成功していた」

▶第2段落第3文に一致。

⑥ 「ジョン・グリーンは彼が売る商品を冷たく保つために氷を用いた」

▶第2段落最終文に一致。

⑦ 「ジョー・トンプソンはジョン・グリーンの店とサウスランド・アイス

カンパニーを買収した」

▶第3段落第1文に一致。なお，take over は「引き継ぐ，（会社などを）買収する」の意味。

⑧ 「ジョー・トンプソンはサウスランド・アイスカンパニーという会社名を自分の新しい会社でも維持した」

▶第3段落第2文に，彼は新しい会社をサウスランド・コーポレーションと名付けたとあるので，誤り。

⑨ **「1928 年にジョー・トンプソンの店は事業を拡大するために名称を変えた」**

▶第3段落最終文に一致。本文の to attract more customers「より多くの顧客を引き付けるために」が to increase their business「事業を拡大するために」と言い換えられている。

⑩ 「店の名前は何曜日に店が開いているかを説明するためにセブン-イレブンへと変更された」

▶第4段落第2文と不一致。what day(s) は「何曜日」の意味。本文によればセブン-イレブンという名前は営業時間に由来する。

⑪ 「セブン-イレブンの店舗はこれまでずっと昼も夜も営業してきた」

▶第4段落第2文から，セブン-イレブンの名称は午前7時から午後11時という営業時間に由来するので24時間営業は開業当初からずっとではない。また，第5文から，24時間営業になったのは1963年以降である。

⑫ 「アメリカの国外に最初に開店したセブン-イレブンは東京だった」

▶第4段落第6・7文によれば，国外最初のセブン-イレブンはカナダのカルガリーである。

⑬ 「1991 年にアメリカのセブン-イレブンの店舗は世界で最も成功しているセブン-イレブンの店舗であった」

▶第5段落第1文によれば，セブン-イレブンは1991年までにアメリカより日本で成功していた。よって，誤り。

⑭ 「日本のセブン-イレブンの店舗はずっとアメリカの会社によって所有されてきた」

▶第５段落第２文で日本のセブン-イレブン運営会社がアメリカの親会社を買収したとある。よって，have always been が不適。

⑮「**日本には今，アメリカよりも多くのセブン-イレブンの店舗がある**」

▶第５段落最終文によれば，アメリカ国内のほぼ２倍のセブン-イレブンの店舗が日本にある。よって，正しい。

▼

それでは次に，段落ごとに詳しくみていこう。　🔊 42

第１段落　文の構造と語句のチェック

¹Which stores are the most well-known (around the world)? ²Most people would probably say American stores [such as McDonald's, Starbucks or Subway].
³But the company [with the most stores in the world] is Seven & i Holdings, (better known as 7-Eleven). ⁴This company is not an American company, but a Japanese one. ⁵7-Eleven has a long and interesting history [that began (in the United States), (far from Japan)].

> **訳** ¹どの店が世界で最も有名なのだろうか。²おそらくほとんどの人々は，マクドナルドやスターバックス，サブウェイといったようなアメリカの店だと言うだろう。³しかし世界に最も多くの店舗を持つ会社はセブン＆アイ・ホールディングスであり，セブン-イレブンとしての方がよく知られている。⁴この会社はアメリカの会社ではなく日本の会社である。⁵セブン-イレブンは日本から遠く離れたアメリカで始まった，長く興味深い歴史を持つ。

語句

well-known 形 有名な	probably 副 おそらく，たぶん
around the world 熟 世界中で	such as ～ 熟 （たとえば）～のような
	company 名 会社

¹The company began (in 1927). ²John Green opened a small shop 〔 to sell
　　S　　　　　V　　　　　　　　　　　S　　　　V　　　　O

milk, eggs and bread 〕(in front of the Southland Ice Company in Dallas, Texas).
①　　②　　③
　　　　等接

³Joe Thompson, a worker at that ice company, noticed 〈 that Green's shop was
　S　　　　　　　　　　　　　　　　　　　V　　　O 従接　　S　　　V
　　　　　└──同格──┘

more successful (than the others nearby)〉. ⁴Green used ice 〔 from the ice
　　　C　　　　　　　　　　　　　　　　　　　　　S　　V　　O

　　　　　　　　　　　関代 which 省略┐ S　V
company 〕(to keep the food 〔 he sold 〕 cooler and fresher (than stores 〔 that
　　　　　　　V'　　　O'　　　　　　　　　　　等接　C'　　　　　　　　　関代

①　　　②
had no ice or refrigerators 〕)).
V　　　　等接　　O

> **訳** ¹その会社は1927年に創業した。²ジョン・グリーンはテキサス州ダラスのサウスランド・
> アイスカンパニーの前で牛乳, 卵, パンを売る小さな店を開いた。³その製氷会社の従業員で
> あったジョー・トンプソンは, グリーンの店が近隣の他の店よりも成功していることに気づ
> いた。⁴グリーンは, 自分が売る食品を氷も冷蔵庫もない店よりも冷たく新鮮に保つために
> その製氷会社の氷を使った。

語句

bread	名 パン		notice	動 気づく
in front of 〜	熟 〜の前で, 〜の正面で		successful	形 成功して
worker	名 労働者, 従業員		nearby	副 近くで
			refrigerator	名 冷蔵庫

　　　　　　　　　　　　　　　　　①
¹Soon Joe Thompson bought John Green's shop and the ice company. ²He
　　　S　　　　　　　V　　　　O　　　　　　　等接　　　②　　　　　　S

named the new company Southland Corporation. ³(Within a year) he had also
V　　　O　　　　　　　　　　C　　　　　　　　　　　　　　　　　　　S

opened several new stores (in the city). ⁴(In 1928), the name 〔 of the stores 〕
V　　　O　　　　　　　　　　　　　　　　　　　　　　　　S

was changed (to attract more customers).
　　　　　V

訳 ¹間もなくしてジョー・トンプソンはジョン・グリーンの店と製氷会社を買収した。²彼は
その新しい会社をサウスランド・コーポレーションと名付けた。³１年もたたないうちに彼
は市内に新しい店舗もいくつか開業した。⁴1928年にその店の名前はより多くの顧客を引
き付けるために変えられた。

語 句

within	前 ～以内に	attract	動 引き付ける, 呼び寄せる
		customer	名 (商店の) 客, 顧客

第4段落　文の構造と語句のチェック

¹(In 1946) the name 〔 of the stores 〕 was changed again. ²(This time) they
　　　　　　　 ───────　　　　　　　　　 ─────────　　　　　　　　　　　 ────
　　　　　　　　　 S　　　　　　　　　　　　　　V　　　　　　　　　　　　　　　 S

chose the name 7-Eleven (because of the stores' 7 a.m. to 11 p.m. opening hours).
─────　────────────
　V　　　　　O
　　　└──同格──┘

³These hours were very unusual (at that time). ⁴The stores were popular, and
─────────　────　──────────　　　　　　　　　　　　 ─────────　────　───────　───
　　S　　　　 V　　　　　C　　　　　　　　　　　　　　　　　　 S　　　　V　　　　C　　 等接

(by 1952) there were about a hundred 7-Eleven stores (in America). ⁵(In 1963)
　　　　　　　　　 ────　─────────────────────────
　　　　　　　　　 V　　　　　　　　　　　　　S

7-Eleven stores began 〈 staying open (24 hours a day)〉. ⁶(In 1969), 7-Eleven
───────────　─────　────────　────
　　　S　　　　　 V　　　O　　V'　　C'

opened a store (in Calgary, Canada). ⁷This was the first store 〔 outside of the
──────　──────　　　　　　　　　　　　　　 ────　───　───────────
　V　　　　O　　　　　　　　　　　　　　　　　　 S　　 V　　　　C

U.S.A 〕. ⁸(In 1974), its first store 〔 in Asia 〕 was opened (in Tokyo), and
　　　　　　　　　　　　　 ──────────　　　　　　　　 ──────────　　　　　　　　　　 ───
　　　　　　　　　　　　　　　　S　　　　　　　　　　　　　　V　　　　　　　　　　　　　 等接

more stores followed (in many other countries).
──────────　────────
　　S　　　　　　V

訳 ¹1946年に店の名前は再び変更された。²今度は, その店の午前７時から午後11時と
いう営業時間のため, セブン-イレブンという名称を選んだ。³この営業時間は当時非常に
珍しかった。⁴店は人気があり, 1952年までにはアメリカにセブン-イレブンが約100店
舗あった。⁵1963年にセブン-イレブンの店舗は１日24時間営業し続けることを始めた。

⁶1969年に，セブン-イレブンはカナダのカルガリーに店舗を出した。⁷これがアメリカ国外での最初の店舗であった。⁸1974年に，アジアでの最初の店舗が東京に開店し，他の多くの国々でさらに多数の店舗が後に続いた。

語 句

this time	熟 今回は，今度は	**at that time**	熟 当時
because of 〜	熟 〜が原因で，〜のために	**popular**	形 人気のある
opening hours	熟 営業時間	outside of 〜	熟 〜の外で
unusual	形 珍しい，普通でない	**follow**	動 後に続く

第5段落　文の構造と語句のチェック

¹(By 1991) 7-Eleven was more successful (in Japan)(than in the United
　　　　　　　　S　　　V　　　C

States). ²The Japanese company 〔 managing 7-Eleven (in Japan) 〕 then
　　　　　　　　S

① bought the American parent company and later ② named it Seven & i Holdings.
V　　　　　　　O　　　　　　　等接　　　　　V　　O　　　　C

³Now there are almost twice as many 7-Eleven stores (in Japan)(as in the
　　　　　　V　　　　　　　　　　S

　　　　　　　　　　　　　　　　　　┌─従接 that 省略
United States), but many people still think 〈 7-Eleven is an American company 〉.
　　　　　　　等接　S　　　　　　V　O　S　　　V　　　C

訳 ¹1991年までにセブン-イレブンはアメリカより日本で成功していた。²それから日本でセブン-イレブンを運営している日本の会社がアメリカの親会社を買収し，後にそれをセブン＆アイ・ホールディングスと名付けた。³現在ではアメリカ国内のほぼ2倍のセブン-イレブンの店舗が日本にあるが，多くの人々はいまだにセブン-イレブンはアメリカの会社だと思っている。

語 句

manage	動 経営［運営］する	**almost**	副 ほとんど，ほぼ
parent company	熟 親会社	**twice**	副 2倍（に）
later	副 後に	**still**	副 いまだに，まだ

94

文法事項の整理⑪　名詞の同格関係

第２段落第３文の同格についてみてみよう

Joe Thompson, a worker at that ice company, noticed that Green's shop was more successful than the others nearby.

　〈名詞Ａ, 名詞Ｂ〉のように名詞が２つ並ぶ時, それらの名詞が互いに言い換えになっている場合がある。これを「同格」と言う。和訳は「Ａという Ｂ」「Ａ つまり Ｂ」「Ａ である Ｂ」(ＡＢ は逆も可)。

例　**My friend David** is coming to see us.

　　「友達のデイビッドが私たちに会いに来ます」

　この英文では, My friend と David が同格になっている。このように単に名詞を２つ並べるのが基本パターン。

例　**Mr. Wilson, a successful businessman,** announced that he would retire next month.

　　「成功している実業家であるウィルソン氏は, 来月引退すると発表した」

　この英文では, Mr. Wilson と a successful businessman が同格になっている。a successful businessman が「,」で挟まれている。

　ある程度, 同格部分が長くなると, 単に並べるだけではなく,「,」を用いて挿入したり, 以下のように―(ダッシュ)を用いたりする。

例　**Mr. Wilson ― a successful businessman ―** announced that he would retire next month.

■**第２段落第３文**

Joe Thompson, a worker at that ice company, ...

▶Joe Thompson と a worker at that ice company が同格。a worker at that ice company は「,」で挟まれて挿入されている。

■**第４段落第２文**

This time they chose **the name 7-Eleven** because of ....

▶the name と 7-Eleven が同格。

語句リストの復習

次の和訳と対応する英語の語句を，ヒントを参考にして書き，空欄を完成させよう。

- 20点 → パーフェクト！語彙力が武器になります！　● 16〜19点 → その調子！着実に身についてます。
- 12〜15点 → もう一度取り組むと安心です。　　　● 11点以下 → 要復習！声に出して読むと覚えやすい。

①	w	形	有名な
②	p	副	おそらく，たぶん
③	s ___ as 〜	熟	（たとえば）〜のような
④	c	名	会社
⑤	b	名	パン
⑥	w	名	労働者，従業員
⑦	n	動	気づく
⑧	n	副	近くで
⑨	r	名	冷蔵庫
⑩	w	前	〜以内に
⑪	a	動	引き付ける，呼び寄せる
⑫	c	名	（商店の）客，顧客
⑬	o ___ hours	熟	営業時間
⑭	u	形	珍しい，普通でない
⑮	at that t	熟	当時
⑯	o ___ of 〜	熟	〜の外で
⑰	f	動	後に続く
⑱	m	動	経営［運営］する
⑲	l	副	後に
⑳	t	副	２倍（に）

答 ① well-known　② probably　③ such　④ company[corporation]　⑤ bread　⑥ worker　⑦ notice　⑧ nearby　⑨ refrigerator　⑩ within　⑪ attract　⑫ customer　⑬ opening　⑭ unusual　⑮ time　⑯ outside　⑰ follow　⑱ manage　⑲ later　⑳ twice

ディクテーションしてみよう！ 🔊 43-47

今回学習した英文に出てきた単語を，音声を聞いて [ ] に書き取ろう。

Which stores are the most well-known around the world? Most people would ❶ p[　　　] say American stores ❷ s[　] as McDonald's, Starbucks or Subway. But the company with the most stores in the world is Seven & i Holdings, better known as 7-Eleven. This company is not an American company, but a Japanese one. 7-Eleven has a long and interesting history that began in the United States, far from Japan.

The company began in 1927. John Green opened a small shop to sell milk, eggs and bread in front of the Southland Ice Company in Dallas, Texas. Joe Thompson, a worker at that ice company, ❸ n[　] that Green's shop was more successful than the others ❹ n[　]. Green used ice from the ice company to keep the food he sold cooler and fresher than stores that had no ice or refrigerators.

Soon Joe Thompson bought John Green's shop and the ice company. He named the new company Southland Corporation. ❺ W[　] a year he had also opened several new stores in the city. In 1928, the name of the stores was changed to attract more ❻ c[　].

In 1946 the name of the stores was changed again. This time they chose the name 7-Eleven because of the stores' 7 a.m. to 11 p.m. opening hours. These hours were very ❼ u[　] at that time. The stores were popular, and by 1952 there were about a hundred 7-Eleven stores in America. In 1963 7-Eleven stores began staying open 24 hours a day. In 1969, 7-Eleven opened a store in Calgary, Canada. This was the first store ❽ o[　] of the U.S.A. In 1974, its first store in Asia was opened in Tokyo, and more stores followed in many other countries.

By 1991 7-Eleven was more successful in Japan than in the United States. The Japanese company ❾ m[　] 7-Eleven in Japan then bought the American parent company and later named it Seven & i

Holdings. Now there are almost ⑩ t ⸏⸏⸏⸏⸏ as many 7-Eleven stores in Japan as in the United States, but many people still think 7-Eleven is an American company.

解答

問1	③	問2	②	問3	②	問4	②	問5	④
問6	①	問7	④	問8	①	問9		①, ⑤, ⑦		

解説

問1

① 「彼はすばやく皿を洗い始めた」

② 「彼は洗うための皿を整理し始めた」

③ **「彼は皿洗いをしてキャリアを開始した」**

④ 「彼は洗った皿を手に持って仕事に行った」

start out *doing* は「〜し始める，〜するところから始める」の意味。また，第2段落以降で彼がレストラン経営者として成功するまでのキャリア（経歴）を時系列で述べていることからも判断できる。

☑ sort out「整理する，分類する」／ career「キャリア，経歴」

問2

① 「その上」

② **「その代わりに，そうではなくて」**

③ 「もちろん」

④ 「それゆえに」

instead は副詞で，instead of 〜「〜の代わりに，〜ではなくて」の of 以下が省略された形と考えてよい。直前の文に He hoped to get a job in the airplane industry in California「彼はカリフォルニアで飛行機産業の職を得ることを希望していた」とあるが，空所の後では「結局，車を貸す会社で働くことになった」とあるので，Instead of getting a job in the airplane industry「飛行機産業で職を得る代わりに［得るのではなくて］」の of 以下が省略されたと考えればよい。

問3

① 「車」

② **「仕事」**

③ 「免許（証）」

④ 「賃料，家賃」

空所と同じ文の前半部分に To save money on food「食費を節約するために」とあるので，この目的に対応する手段が続くはずだと考える。KFC のような飲食店で仕事をすれば食費は節約できると考えられるので，job を選ぶ。

問4

① 「カジ氏の仕事仲間が仕事に来なかった」

② 「カジ氏は自分の仕事だけでなく二人の同僚の仕事もやった」

③ 「カジ氏はいつも通りに自分の仕事をやった」

④ 「カジ氏の仕事仲間が，自分たちの仕事は言うまでもなく，彼（カジ氏）の仕事もやった」

　下線部の後に really impressed the owners of the restaurant「レストランの経営者たちに本当に好印象を与えた」とあるので，カジ氏は経営者にとって好ましいことをしたことがわかる。第5段落第1・2文に，二人の同僚が仕事に来なかった際にカジ氏が三人分の仕事をしたとあるが，この all three people とは同僚二人とカジ氏のこと。つまり，経営者に好印象だったのは，カジ氏が三人分の仕事をやったことであろう。以上により，正解は②。 colleague はco-worker と同じ意味である点にも注意。

　☑ colleague「同僚」／ **A** as well as **B**「Bだけでなく Aも」／ as usual「いつも通り」／ to say nothing of ～「～は言うまでもなく」

問5

① 「バトカルにある成功しているレストラン」

② 「レンタカー会社の近くにある KFC レストラン」

③ 「オーナーたちが開店しようとしている新しいレストラン」

④ 「赤字経営のレストラン」

　下線部のレストランとは，第6段落第1文の a restaurant that was losing money「損失［赤字］を出しているレストラン」である。正解は④で，operating in the red は「赤字経営である」の意味。

　☑ successful「成功した」／ operate「営業［運営］する」／ in the red「赤字で」

問6

① 「稼いだ」

② 「譲渡した」

100

③「再び失った」

④「盗んだ」

With the money he [(3)], … の部分の構造に注目する。 the money の後に目的格の関係代名詞 which[that]が省略されている（一般に＜名詞＋S＋V 〜＞の構造では名詞の直後に関係詞の省略がある）。そこで，本来は空所の後にあるはずの目的語である the money が前に移動していると考える。また，with は「〜を用いて，〜によって」という【道具・手段】を表す用法で，空所の後は he bought … と続くので金を得ていないと意味が通らない。そこで，①か④に絞られるが，直前の文で利益を得るためにレストランを売却したとあるので「盗んだ」のではなく「稼いだ」が正しい。

☑ give away「譲渡する，寄付する」

問7

①「行動する」

②「食べる」

③「行く」

④「止める」

直前部分の Today Mr. Kazi owns 168 restaurants「今日，カジ氏は 168 のレストランを所有している」，直後の文の He's looking for more poorly managed restaurants to buy.「彼は買い取るべき経営状態のよくないレストランをさらに探し求めている」から考えると，168 で止めるつもりはなく，さらにレストランの買収をする計画だと考えられる。なお，空所直後の there は地理的な場所ではなく，168 というレストランの数を指す。

問8

①「一人の成功した実業家がどうやって成功したか」

②「KFC の店員になる方法」

③「成功した実業家になる最高の理由」

④「企業会計の目的」

本文はズバイル・カジという成功した実業家について，経営状態が悪いレストランを立て直すという方法で成功した実例を紹介している。よって①が表題

に適している。

☑ (shop) assistant「店員（＝clerk）」／ business accounting「企業会計」

問9

① **「16 歳の時，カジ氏は小型飛行機のパイロットになった」**

▶第 2 段落第 2 文と一致。

② **「カジ氏は 23 歳の時に莫大な財産を持ってアメリカ合衆国に行った」**

▶第 3 段落第 1 文と不一致。少額のお金しか持っていなかったので a large
fortune が不適。

③ **「カジ氏は KFC での仕事が気に入らなかったので，仕事がのろかった」**

▶第 4 段落最終文に，仕事が好きでなかったとの記述があるが，仕事がのろ
かったという記述はない。また，第 5 段落の内容から，むしろ仕事ぶりは
よかったと判断できる。

④ **「カジ氏は全く利益を上げられなかった」**

▶第 5・6・7 段落それぞれの最終文に利益を上げたとの記述がある。

⑤ **「カジ氏と妻は客に不快感を与えないよう懸命に努力した」**

▶第 6 段落第 6 文と一致。

⑥ **「カジ氏は客が待つ必要がない場合，ソーダの料金を倍額請求した」**

▶そのような記述はない。

⑦ **「カジ氏はレストランを買い取ってそこが乱れているとわかるのが楽しい」**

▶第 8 段落第 3 文と一致。

☑ fortune「財産」／ displease「不快にさせる，怒らせる」／ charge「請求
する」／ untidy「散らかって，乱雑で」

それでは次に，段落ごとに詳しくみていこう。 🔊 48

第1段落　文の構造と語句のチェック

¹Have you ever wondered ⟨ why some people are successful (in business) and
　(V) S   　　 V 　　　 O 疑　　　 S 　　　 V　　　 C 　　　　　　　　　等接

└─ successful in business 省略

others are not ⟩? ²Here's a story 〔 about one successful businessperson 〕. ³He
S 　　 V 　　　　　　 V 　 S 　　　　　　　　　　　　　　　　　　　　　　　 S

started out (washing dishes) and today he owns 168 restaurants.
　 V 　　　　　　　　　　　　　 等接 　　　 S 　 V 　　 O

> **訳** ¹事業に成功する人もいればそうでない人もいるのはなぜなのだろうか，と疑問に思った
> ことはあるだろうか。²これはある成功した実業家の話である。³彼は皿洗いから始めて，今
> 日では168のレストランを所有している。

語句

wonder	動 疑問に思う	
successful	形 成功した	
business	名 事業, 商売	
businessperson	名 実業家	

start out *doing* 熟 ～し始める，
　　　　　　　　 　　～するところから始める
own 動 所有する
restaurant 名 レストラン

第2段落　文の構造と語句のチェック

¹Zubair Kazi was born (in Bhatkal, a small town in southwest India).
　 S 　　　　 V 　　　　　　　 └──── 同格 ────┘

²His dream was ⟨ to be an airplane pilot ⟩, and (when he was 16 years old), he
　 S 　　 V C 　　　　　　　　　　　　　　　 等接 　 従接 S 　 V 　 C 　　　 S

learned to fly a small plane.
　 V 　　　 O

> **訳** ¹ズバイル・カジはバトカルというインド南西部の小さな町で生まれた。²彼の夢は飛行機
> のパイロットになることであり，16歳の時に小型飛行機を操縦できるようになった。

語句

southwest 形 南西の

fly 動 （飛行機を）操縦する

第3段落 文の構造と語句のチェック

[1](At the age of 23) and (with just a little money 〔 in his pocket 〕), Mr. Kazi
　　　　　　　　　 　等接　　　　　　　　　　　　　　　　　　　　　　　　　　　　　S

moved (to the United States). [2]He hoped to get a job 〔 in the airplane industry 〕
　V　　　　　　　　　　　　　　　　S　　　　V　　　O

(in California). [3]Instead, he ended up (working for a company 〔 that rented cars 〕).
　　　　　　　　　　　　　　S　　　V　　　　　　　　　　　　　　　　　関代　 V　　 O

> 訳 [1]23歳の時，ポケットにほんのわずかなお金を持って，カジ氏はアメリカ合衆国に移り住
> んだ。[2]彼はカリフォルニアで飛行機産業の職を得ることを希望していた。[3]その代わりに，
> 彼は結局，車を貸す会社で働くことになった。

語句

at the age of 〜	熟 〜歳の時に	instead	副 その代わりに，そうではなくて
move	動 移る，引っ越す	end up *doing*	熟 結局〜する
airplane	名 飛行機，航空機	company	名 会社
industry	名 産業，業界	rent	動 (有料で)貸す

第4段落 文の構造と語句のチェック

[1](While Mr. Kazi was working (at the car rental company)), he frequently
　　　従接　　S　　　　　V　　　　　　　　　　　　　　　　　　　　S

ate (at a nearby KFC restaurant). [2](To save money on food), he decided to get
　V　　　　　　　　　　　　　　　　　　　　　　　　　　　　　　　S　　　V

a job 〔 with KFC 〕. [3](For two months), he worked (as a cook's assistant).
　O　　　　　　　　　　　　　　　　　　　　　　S　　V

[4]His job was 〈 to clean the kitchen 〉. [5]"I didn't like it," Mr. Kazi said, " but I
　S　　V　C　　　　　　　　　　　　　　　　 S　　V　　O　　　 S　　　V　 等接 S

　　　関代 that 省略─────────┐　　┌──do 省略
always did the best 〔 I could 〕."
　　　　V　　O　　　 S　　V

> 訳 [1]カジ氏がレンタカー会社で働いていた時に，彼はたびたび近くにあるKFC(ケンタッキー・フ
> ライド・チキン)のレストランで食事をした。[2]食費を節約するために，彼はKFCで職を得ようと決
> めた。[3]二か月間，彼は料理人の助手として勤務した。[4]彼の仕事は調理場の掃除をすることであ
> った。[5]「その仕事は好きではなかったが，いつもできる限りのことをしました」とカジ氏は言った。

語句

rental	形	レンタル業の
frequently	副	頻繁に, たびたび
nearby	形	近くの
save	動	節約する

cook	名	料理人, コック
assistant	名	助手
clean	動	掃除する, きれいにする
kitchen	名	調理場

第5段落 文の構造と語句のチェック

¹(One day), <u>Mr. Kazi's two co-workers</u> <u>failed to come</u> (to work). ²(That day),
S V

<u>Mr. Kazi</u> <u>did</u> <u>the work</u> 〔 of all three people 〕(in the kitchen). ³<u>This</u> really
S V O S

<u>impressed</u> <u>the owners</u> 〔 of the restaurant 〕. ⁴(A few months later), <u>the owners</u>
V O S

<u>needed</u> <u>a manager</u> 〔 for a new restaurant 〕. ⁵<u>They</u> <u>gave</u> <u>the job</u> (to Mr. Kazi). ⁶<u>He</u>
V O S V O S

<u>worked</u> hard (as the manager) and soon <u>the restaurant</u> <u>was making</u> <u>a profit</u>.
V 等接 S V O

訳 ¹ある日, カジ氏の仕事仲間２人が仕事に来なかった。²その日, カジ氏は調理場で三人全員の仕事をした。³このことがレストランの経営者たちに本当に好印象を与えた。⁴数か月後, 経営者たちは新店舗の責任者が必要になった。⁵彼らはその仕事をカジ氏に与えた。⁶彼は店長として熱心に働き, すぐにそのレストランは利益を出すようになっていた。

語句

one day	熟	ある日
co-worker	名	仕事仲間, 同僚
fail to *do*	熟	～しない, ～できない

impress	動	良い印象を与える, 感銘を与える
manager	名	責任者, 店長
profit	名	利益, 収益
▶ make a profit	熟	利益を出す, 儲かる

第6段落 文の構造と語句のチェック

¹(A few years later), <u>Mr. Kazi</u> <u>heard</u> (about a restaurant 〔 that was losing
S V 関代 V

money 〕). ²<u>The restaurant</u> <u>was</u> <u>dirty</u> inside and <u>the food</u> <u>was</u> <u>terrible</u> — greasy
O S V C 等接 S V C

and undercooked. ³Mr. Kazi borrowed money (from a bank) and bought
等接   S   V   O   等接   V

the restaurant. ⁴(For the first six months), Mr. Kazi worked (in the restaurant)
O   S   V

(from 8 a.m. to 10 p.m.),(seven days a week). ⁵He and his wife cleaned up
等接 S   V

the restaurant, remodeled the front of the building, and improved the cooking.
O   V   O   等接   V   O

⁶They also tried hard to please the customers. ⁷(If someone had to wait (more
S   V   O   従接 S   V

than ten minutes)(for their food)), Mrs. Kazi gave them a free soda. ⁸(Before
S   V   O₁   O₂

long) the restaurant was making a profit.
S   V   O

> **訳** ¹数年後, カジ氏は損失を出しているレストランのことを聞きつけた。²そのレストランは店内が汚く, 食べ物もまずかった——脂っこく, 加熱が不十分だったのだ。³カジ氏は銀行から金を借りてそのレストランを買い取った。⁴最初の6か月間, カジ氏はそのレストランで毎日午前8時から午後10時まで働いた。⁵彼と彼の妻は, レストランを清掃し, 建物の入り口部分を改装し, 料理を改善した。⁶彼らはまた, 客を満足させようと懸命に努力した。⁷誰かが食べ物ができあがるのを10分以上待たなければならない場合, カジ夫人は無料でソーダを出した。⁸まもなくそのレストランは利益を出すようになっていた。

語句

dirty	形	汚い
inside	副	内側［内部］で
terrible	形	ひどい, とても悪い
borrow	動	借りる
clean up	熟	きれいに清掃する
remodel	動	改造する, リフォームする
front	名	正面, 入口

improve	動	改善［改良］する
cooking	名	料理
please	動	喜ばせる, 満足させる
customer	名	(店の) 客, 顧客
free	形	無料の
soda	名	ソーダ (水), 炭酸水, 炭酸飲料
before long	熟	まもなく, やがて

第7段落　文の構造と語句のチェック

¹(A year later) Mr. Kazi sold his restaurant (for a profit). ²(With the money
　　　　　　　　　　S　　　V　　　O

―関代 which [that] 省略

[he earned]), he bought three more restaurants 〔 that were losing money 〕.
　S　　V　　S　　V　　　　　O　　　　　　　　関代　　V　　　O

³Again, he cleaned them up, improved the food, and retrained the employees.
　　　　S　　V　　O　　　　V　　　O　　等接　　V　　　　O

⁴(Before long) these restaurants were making a profit, too.
　　　　　　　　　　S　　　　　　V　　　O

> **訳** ¹1年後にカジ氏は利益を得るためにレストランを売却した。²稼いだお金で，彼は損失を出しているレストランをさらに3つ買い取った。³再び，彼はレストランを清掃し，料理を改善し，従業員の教育をやり直した。⁴まもなくこれらのレストランも利益を上げるようになっていた。

語句

earn	動 稼ぐ	**retrain**	動 再訓練[再教育]する
		employee	名 従業員

第8段落　文の構造と語句のチェック

¹Today Mr. Kazi owns 168 restaurants, but he isn't planning to stop there.
　　　　S　　V　　　O　　　　等接　S　　　V

²He's looking for more poorly managed restaurants 〔 to buy 〕. ³"I love it
　S　　V　　　　　　O　　　　　　　　　　　　　　　　S V O

―従接 that 省略

(when I go (to buy a restaurant) and find 〈 it's a mess 〉)," Mr. Kazi said.
　従接 S V　　　　　　　　　　等接　V　O S V　　C　　　　S　　V

―関副 that 省略

⁴"The only way 〔 it can go 〕 is (up)."
　　　S　　　　S　V　　V

> **訳** ¹今日，カジ氏は168のレストランを所有しているが，そこでとどまる計画はない。²彼は買い取るべき経営状態のよくないレストランをさらに探し求めている。³「私はレストランを買い取りに行って，そこがめちゃくちゃだとわかるのが楽しいのだ」とカジ氏は言った。⁴「進む方向は上しかありえないからだ」。

poorly	副 下手に，まずく	mess	名 散らかっている状態，とんでもない状態
manage	動 経営［運営］する		

文法事項の整理 ⑫　関係代名詞の省略

第7段落第2文の関係代名詞の省略についてみてみよう

With the money **(which[that])** he earned, he bought three more restaurants that were losing money.

　この文では the money の後に目的格の関係代名詞 which[that] が省略されている。**the money（名詞）＋ he（S）＋ earned（V）の語順と他動詞 earn の後に目的語が欠けている**点に注目。

■**目的格の関係代名詞（ whom, which, that ）は省略されることがある**

▶省略を見抜くコツ：〈名詞＋S＋V〉の形は，名詞の後に関係代名詞が省略されている場合が多い。

例　The man I met yesterday is John.
　　　（名詞）　S　V
　　「私が昨日会った人はジョンです」
　▶ The man 〔(whom) I met yesterday 〕 is John.

語句リストの復習

次の和訳と対応する英語の語句を，ヒントを参考にして書き，空欄を完成させよう。

- 20点 → パーフェクト！ 語彙力が武器になります！
- 16〜19点 → その調子！ 着実に身についてます。
- 12〜15点 → もう一度取り組むと安心です。
- 11点以下 → 要復習！ 声に出して読むと覚えやすい。

/20点

①	s	形	成功した
②	o	動	所有する
③	r	名	レストラン
④	i	名	産業，業界
⑤	i	副	その代わりに，そうではなくて
⑥	r	動	（有料で）貸す
⑦	f	副	頻繁に，たびたび
⑧	a	名	助手
⑨	f ___ to *do*	熟	〜しない，〜できない
⑩	i	動	良い印象を与える，感銘を与える
⑪	m	名	責任者，店長
⑫	d	形	汚い
⑬	i	副	内側［内部］で
⑭	b	動	借りる
⑮	p	動	喜ばせる，満足させる
⑯	f	形	無料の
⑰	before l	熟	まもなく，やがて
⑱	e	動	稼ぐ
⑲	e	名	従業員
⑳	m	名	散らかっている状態，とんでもない状態

答 ① successful ② own ③ restaurant ④ industry ⑤ instead ⑥ rent ⑦ frequently
⑧ assistant ⑨ fail ⑩ impress ⑪ manager ⑫ dirty ⑬ inside ⑭ borrow ⑮ please
⑯ free ⑰ long ⑱ earn ⑲ employee ⑳ mess

ディクテーションしてみよう！ 🔊 49-56

今回学習した英文に出てきた単語を，音声を聞いて ▢▢▢ に書き取ろう。

Have you ever wondered why some people are **❶** [s�_____] in business and others are not? Here's a story about one successful businessperson. He started out washing dishes and today he **❷** [o____] 168 restaurants.

Zubair Kazi was born in Bhatkal, a small town in southwest India. His dream was to be an airplane pilot, and when he was 16 years old, he learned to fly a small plane.

At the age of 23 and with just a little money in his pocket, Mr. Kazi moved to the United States. He hoped to get a job in the airplane **❸** [i_____] in California. Instead, he ended up working for a company that rented cars.

While Mr. Kazi was working at the car rental company, he **❹** [f_____] ate at a nearby KFC restaurant. To save money on food, he decided to get a job with KFC. For two months, he worked as a cook's assistant. His job was to clean the kitchen. "I didn't like it," Mr. Kazi said, "but I always did the best I could."

One day, Mr. Kazi's two co-workers failed to come to work. That day, Mr. Kazi did the work of all three people in the kitchen. This really impressed the owners of the restaurant. A few months later, the owners needed a **❺** [m_____] for a new restaurant. They gave the job to Mr. Kazi. He worked hard as the manager and soon the restaurant was making a profit.

A few years later, Mr. Kazi heard about a restaurant that was losing money. The restaurant was **❻** [d_____] inside and the food was terrible — greasy and undercooked. Mr. Kazi **❼** [b_____] money from a bank and bought the restaurant. For the first six months, Mr. Kazi worked in the restaurant from 8 a.m. to 10 p.m., seven days a week. He and his wife cleaned up the restaurant, remodeled the front of the building, and improved the cooking. They also tried hard to please the customers. If someone had to wait more than

110

ten minutes for their food, Mrs. Kazi gave them a free soda. Before

❽ l　　　the restaurant was making a profit.

A year later Mr. Kazi sold his restaurant for a profit. With the money he

❾ e　　　　, he bought three more restaurants that were losing money.

Again, he cleaned them up, improved the food, and retrained the

❿ e　　　　　. Before long these restaurants were making a

profit, too.

Today Mr. Kazi owns 168 restaurants, but he isn't planning to stop there. He's looking for more poorly managed restaurants to buy. "I love it when I go to buy a restaurant and find it's a **⓫** m　　　," Mr. Kazi said. "The only way it can go is up."

出典一覧:

英文1:From Douglas. *Reading Explorer* 1, 1E. © 2009 Heinle/ELT, a part of Cengage, Inc. Reproduced by permission. www.cengage.com/permissions　英文2:Intermediate Anecdotes in American English © L. A. Hill, Oxford University Press UK　英文3:広島経済大学　英文4:目白大学　英文5:Takes and Mistakes: Twelve Short Tales of Life, language © Kate Elwood　英文6:Reading Expert1 © Dean Shimpf, Neungyule Education　英文7:A world without landmines © 2015 Kip Gates, Japan Times ST　英文8:Deserts © Janet Hardy-Gould, Oxford University Press UK　英文9:九州産業大学　英文10:Select Readings: Pre-intermediate © Linda Lee, Erik Gundersen, Oxford University Press UK